ALPS
알파인 등반

몽블랑 산군 - Vol 1

도서출판 **몽블랑**

허 긍 열

낙동강변 성주에서 1965년에 출생한 그는 자연을 벗하며 자라면서 자연히 산의 세계에 빠졌다. 고교시절에 암벽등반을 시작하여 20대 초반인 1986년에 네팔 히말라야의 참랑(7,319m)을 등정했으며, 대학졸업반인 1990년에 알프스에 가 여러 북벽들을 오르면서 알프스와 끊을 수 없는 연을 맺었다.

그후 인도 가왈 히말라야의 탈레이사가 북벽과 알래스카의 데날리 남벽, 파키스탄의 가셔브럼 4봉 등을 등반하고서 보다 자신의 마음에 와닿는 알프스의 침봉들에 매료, 고향을 떠나 알피니즘의 메카 샤모니 몽블랑에 머물고 있다.

저서로는 자신이 알프스에 매혹된 이야기를 담은 자전적 등반기 〈몽블랑 익스프레스〉와 〈해골바위〉, 알프스에서의 생활상을 그린 〈알프스에서 온 엽서〉가 있으며, 번역서인 〈창가방 그 빛나는 벽〉, 〈세비지 아레나〉, 〈위험의 저편에〉, 〈왜 산에 오르지〉 등이 있다.

현재 www.goalps.com 과 http://cafe.daum.net/GOALPS 등을 통해 알프스에 대한 많은 정보를 제공하고 있다.

알프스 산악문고-1
알프스 알파인 등반 (몽블랑 산군-1편)

초판(1000부) 1쇄 : 2011일 10월 20일 (/1000부)

지은이 | 허긍열

발행 및 편집인 | 허긍열
펴낸 곳 | 도서출판 몽블랑
Mr. Huh Gung Yeal
Chamonix Sud Bat. Balme Apt. 206,31 Place Edmond Desailloud
74400 Chamonix Mont-Blanc FRANCE
www.goalps.com
http://cafe.daum.net/GOALPS

값 / 23,000원
저자와의 협의에 따라 인지는 생략합니다.

이 책에 실린 모든 사진들은 10년 전부터 사용했던 디카
소니 사이버샷, F828, R1, 캐논 5D 2대(하나는 1000미터 추락사),
파나소닉 LX5로 찍었다.

· 표지 앞 : 가루눈이 날리는 발레 브랑쉬 설원을 가로지르는 민경원씨.
· 표지 뒤 : 타퀼 동벽을 배경으로 제앙 빙하를 내려오는 이상수 선배.

ALPS
알파인 등반

몽블랑 산군 - Vol 1

책을 내면서

몽블랑 산군의 침봉들 사이로 흐르는 빙하들처럼 세월은 참 빨리 흐릅니다. 제가 이곳 알프스에 처음 온지 20년이 지났으며, 알프스의 품에 안겨 지낸지 10년이 넘었습니다. 10년이면 강산이 변한다는 말도 있듯, 실감할 수 있는 변화들이 있습니다. 지구온난화의 영향으로 알파인 북벽에서의 빙벽들이 좁고 얇아지거나 끊기기도 했으며, 빙하들이 녹아 그 끝자락이 훨씬 더 산 위로 후퇴했습니다.

이렇게 눈에 띄는 변화뿐 아니라 제 개인적인 변화들도 많았습니다. 한국과는 다른 생활양식의 변화뿐 아니라 삶을 바라보는 인식도 달라졌습니다. 십년이 되어 또 다른 변화가 필요한 요즘이야 많은 이들과 어울리고 소통하는 기회들이 많아졌지만 초창기에는 거의 운둔자처럼 살았습니다. 얼핏 생각해보면 그때도 참 좋았다는 생각이 듭니다. 현실생활에 대한 욕심 없이 그저 산에나 다녔으니 말입니다. 산책하고 등반하고 스키타고 책 읽다보니 어느덧 세월이 흘러버렸습니다.

이렇게 알프스 자락에 묻혀 지냈지만 한편으로는 보다 큰 산으로의 열망과 포부에 몸부림치기도 했으며, 이곳 알프스에서 얻은 등반경험과 노하우를 썩히자니 아깝기도 하고 억울한 느낌도 들었습니다. 알프스 생활을 청산할까 싶은 고민스런 날들이 이어지던 어느 한 날이었습니다. 그래 바로 이 자리 이곳 알프스에 와 지내는 것만으로도 족하다는 생각이 들었습니다. 더는 욕심이란 생각을 하고부터 훨씬 자유로워졌습니다. 자유와 평온, 행복을 얻었던 겁니다. 알프스로 오게 된 주된 이유인 '자유를 찾아, 보다 더 자유롭게 등반을 하기 위해서'였던 초심으로 돌아갔으며 그만큼 더 즐거워졌습니다.

이 책에 실린 기록들은 바로 그러한 산물들입니다. 이제는 고향처럼 느껴지는 이곳 몽블랑 산군의 봉우리들을 오르내린 흔적들입니다. 아울러 별 탈 없이 즐겁게 함께 한 악우들이 고마울 따름입니다. 언제 또 함께 자일의 정을 나눌수 있길 기대합니다.

알프스에는 우리들이 흔히 아는 3대 북벽 외에도 많은 등반대상지들이 있습니다. 이 책에 소개된 곳들은 웬만한 산악인이면 누구나 쉽게 접근하여 즐겁게 알파인 등반을 행할 수 있는 대상들입니다. 지난 10년간 알프스에서 놀고 등반하며 찍은 사진들을 위주로 몽블랑 산군의 여러 봉우리들을 소개합니다. 제 자신의 등반활동 보고서일 뿐 아니라 작품집이기도 하며 알프스 등반을 계획하는 한국산악인들에게 좋은 지침서로서의 역할도 기대합니다.

목 차

서문	04
목차	05
지도	06
1. 몽블랑	08

구테 루트 10 ǀ 그랑뮬레 루트 40 ǀ 북동릉 루트 48

2. 몽모디	86
3. 몽블랑 뒤 타퀼	110

동벽 114 ǀ 타퀼 북면 134 ǀ 타퀼 삼각북벽 146

4. 프앙트 라쉬날	178

남면 180 ǀ 북면 188

5. 피라미드 뒤 타퀼	194

북동면 198 ǀ 동릉 208

6. 투르 롱드	222

제르바 슈티 227 ǀ 북벽 232 ǀ 남동릉 240

7. 에귀 당트레브	254
8. 코스믹 리지	266

북서벽 282 ǀ 산장앞 리지 292

9. 에귀 뒤 미디	306

남동벽 308 ǀ 코스믹 남벽 316

10. 그로 로뇽	328
11. 에귀 뒤 플랑 북벽	338

플랑-미디 횡단 354 ǀ 파피용 리지 366 ǀ 에퀘 데 페레랑 376

12. 발레 브랑쉬 빙벽	386

1. 몽블랑
Mont Blanc (4,810m)
알프스 최고 최대의 봉우리

동구권의 슬로베니아 주변국에서부터 오스트리아, 독일, 이탈리아, 스위스, 프랑스 등을 거쳐 지중해 해안까지 장장 1,200km에 이르는 알프스 산맥은 넓이가 약 85,000 평방 마일의 초승달 모양으로 폭넓게 분포되어 있는 여러 산군들의 집합체이다. 바로 이 알프스의 최고봉 몽블랑은 알피니즘 역사의 출발점이 되고 있다.

프랑스와 이태리의 국경에 접해 있는 몽블랑은 '하얀 산'이란 말 그대로 알프스의 백두산인 셈인데, 알프스 최고봉으로서 알피니즘 발상의 모태가 된 상징적인 봉우리이기도 하다. 1786년의 초등 이후 몽블랑은 각 시대 대표적인 등반가들의 전위적인 등반목표였을 뿐 아니라 오늘날의 알피니스트들도 끊임없이 자신의 등반능력을 시험하는 무대가 될 정도로 거대하고 장엄한 산악미를 품고 있다. 현대 첨단 등반 추세가 히말라야 지역으로 향해 있지만 여전히 도전적인 등반선이 무궁하다.

에귀 우쉬 쪽에서 본 몽블랑 및 주변봉들

구테(Gouter) 루트

우쉬에서 케이블카로 오르면 나타나는 벨뷰 기차역. 여기서 니데글행 산악열차를 탄다.

몽블랑 등반기점은 북측기슭에 위치한 샤모니와 남측의 쿠르마이예인데, 일반적인 등정은 교통이 편리해 접근이 쉬운 샤모니쪽에서 행하고 있다. 난이도 있는 등반은 남측과 동측에서 행해지고 있다.

샤모니쪽에서 행하는 가장 일반적이고 안전한 루트가 구테(Gouter) 산장을 거쳐 정상에 오르는 구테 루트이다. 니데글(2,372m) 산악열차 종점에서 시작하는 이 루트는 등반자의 몸상태가 좋다면 1박 2일만에 정상에 다녀올 수 있는데, 길고 힘든 산행은 알프스 최고봉에 서는 기쁨을 안겨준다. 초중급자가 알파인 등반을 체험해볼 수 있는 좋은 대상지이다.

니데글로 이어지는 기차선로. 6월이나 9월, 혹은 탈선시에는 이렇게 걸어올라야 한다.

종점인 니데글. 여기서부터 걸어올라야 한다.

구테 루트는 내가 이제껏 몽블랑을 오른 다섯 루트들 중 남벽을 제외하고선 가장 길고 먼 루트다. 니데글에서 정상까지 표고차 2,500미터, 시즌 초나 후반 혹은 성수기에 관광객이 몰려 벨뷰에서 산악열차를 못 탈 때는 3,000미터 이상 올라야 하는 길고 지루한 루트다.

특히 이곳 너덜바위 지대에 이를 때는 저 멀리 에귀 뒤 구테 꼭대기에 위치한 구테 산장에 언제 닿을 수 있을까 생각하면 발걸음이 무겁다. 그럴 수록 시작이 반이라는 말을 떠올린다.

이미 한두 시간 걸어왔기에 힘이 난다. 충분히 워밍업이 된 몸은 (생각만 바꿨는데도) 날듯 가볍다. 어느 한 해에는 니데글에서 구테 산장까지 2시간 반이 걸린 적도 있다.

니데글에서 한 시간 즈음 오른 너덜바위 지대에서

떼뜨 루스 산장에 이르는 길 가의 산악인 추모동판

갈림길에서 왼편 상단은 구테산장으로, 오른편은 떼뜨 루스 산장으로 간다.

구테 산장 (3,817m)

떼뜨 루스 산장(3,167m)

구테 산장에서 하산하는 산악인들

구테 산장으로 오르는 산악인들 뒤로
비오나세이 빙하가 내려다 보인다.

산장에 도착한 산악인들이
오후 햇살을 즐기며 쉬고 있다.

구테 산장의 해질녘 풍경

산장안 식당은 늘 많은 이들로 붐빈다.

구테 산장에서 돔데 구테(4,304m)
오르는 길

창밖 풍경

돔데 구테에 올라서는 산악인들
뒤로 비오나세이가 보인다.

몽블랑 뒤 타퀼

돔데 구테 설원 뒤로 저멀리 코스믹 산장에서 출발하는
북동릉 루트가 보인다. 뒤는 몽블랑 뒤 타퀼(4,248m)이다.

발로산장(4,362m)에 도착한 산악인들.
날씨가 나쁠때 비상대피소로 이용할 수 있으며,
몽블랑에 오르기 전에 잠시 쉬어가면 좋다.

몽블랑

몽모디

돔데 구테 설원 뒤로 저멀리 코스믹 산장에서
출발하는 북동릉 루트가 보인다.
뒤는 몽모디(4,465m)이다.

발로 산장에서 출발하는 모습

산에서 내려가면 여전히 누구 흉이나 보거나
이기적인 소시민의 삶을 살아가겠지만
산에서 만큼은 그럴 필요가 없다.
그래서 산이 좋다.

이른 아침에 정상 설릉을 오르는 산악인들

누구보다 열심히 산에 다니던 후배가 산을 떠났다는 소식을 접하면 아쉽고 안타까운 마음이 든다.
개인적인 이유가 있겠기에 만류할 순 없다. 그가 산의 좋은 면들을 좀 더 오래도록 많이 접해보았으면 하는 아쉬움이 드는 건 어쩔 수 없다.
이것은 혹 도로시 세이어즈의 "열정 때문에 저지를 수 있는 유일하고도 가장 큰 잘못은 기뻐하지 않는 것이다." 라는 말과 관계가 있지 않을까도 싶다. 즐겁게 산을 올라야 보다 오래도록 산에 다닐 수 있을 텐데 그가 혹 산에 치이지는 않았는지 모르겠다.
논어에도 아는 것보다는 행하는 것, 행하는 것보다는 즐기는 게 낫다고 하지 않았던가. 아무리 열정적일망정 즐겁지 못하면 오래 가지 못한다는 사실을 다시 되새긴다.

정상 오르는 능선에서.
주로 왼편에서 매서운 바람이 분다.

하룻밤 비박에 대한 준비는 지루하고도 가끔은 어둠과 경쟁을 해야 한다. 그렇지만 모든 것을 정리하고 잠들기에 가장 편안한 자리를 찾을 때, 그리고 비박이 거의 항상 불편하다는 점을 알고 있다면, 어떤 의미에서 그 산 전체가 당신 내에 존재한다.
당신은 그 산의 일부가 됨을 느끼게 될 것이다.
그것은 시적이다. 각 개인은 다양한 습관과 욕망, 개성에 따라 자기 나름대로 그런 느낌을 가진다.
그러나 진정한 등반가는 그가 발견한 것을 언어로 표현할 수단을 찾지 못할지라도, 그의 가슴 밑바닥에선, 특히 젊을 때는 자신이 인정하기 창피스럽더라도, 그는 시인이다.

-리카르도 캐신-

운해에 몽블랑의 아침 그림자가 드리워져 있다.

한여름에도 정상부는 몹시 춥기에 방한구를 철저히 준비해야 한다.

몽블랑 정상

정상에 올라서고 있는 산악인들 뒤로
몽블랑 산군의 동쪽면이 펼쳐져 있다.

어느 한 해 럭비선수 출신인 영국인과 정상에 오른 적이 있다. 그는 한 달 전에 시도했지만 악천후에 실패하고서 나와 함께 정상에 섰다.
그는 몽블랑에 오르기 위해 누구보다 열심히 준비한 강인한 산악인이었다.

등정의 기쁨

코스믹 산장에서 출발한 산악인들이 정상에 올라서고 있다.
뒤로 저멀리 그랑 죠라스와 마터호른이 보인다.

정상 설릉은 특히 하산시 조심해야 하는 칼날 능선이다.

몽블랑의 그림자가 운해에 드리워져 있다.

정상 능선은 길이 좁아 정체구간이 많다.
조심해서 오르내려야 한다.

바람에 자일이 휘날릴 정도로 강풍이 부는 가운데 설릉을 내려가고 있다.

이렇게 새털구름이 일면 날씨가 나빠진다.

눈보라가 치는 악천후에는 자일로 서로 연결해야 안전하다.
간혹 2~3미터 앞도 보이지 않을 때가 있다.

비상시에 이용하게 되는
산악구조대 헬리곱터.
비상전화번호(유럽) : 112

구테 산장 아래의 믹스지대를 내려가는 산악인들

그랑 뮬레 루트는 에귀 뒤 미디행 케이블카 중간역인 플랑 데귀 역에서 시작하여 거대한 보송 빙하(Bossons Glacier)를 거슬러 오른다. 이 루트는 등반시즌이 시작되는 초여름에는 상대적으로 안전하지만 7월 말부터는 크레바스가 많이 벌어져 조심해야 한다.
하지만 겨울눈이 많이 내린 다음인 4~5월에는 많은 산악스키어들이 찾는다. 구테 루트나 북동릉으로 정상에 오른 다음, 간혹 하산루트로 이용하는 경우도 있다.

그랑 뮬레(Grands Mulets) 루트

4~5월에는 보송빙하를 거슬러 오르는 산악스키어들이 많다.

빙하 아래로 샤모니 계곡이 내려다 보인다.

암릉 위에 위치한 그랑 뮬레 산장.
뒤에 에귀 뒤 미디가 솟아있다.

로 비박산장

질녘 홀로 정상에
을 때의 모습.

발로 산장 내부

발로 비박산장

어느 한해 4월에 나는 샤모니에서 오전에 출발하여 홀로 스키로 보송빙하를 거슬러올랐다. 저녁무렵에 정상에 섰는데, 적막감에 휩싸인 채 맞이한 일몰의 장관은 아직도 잊혀지지 않는다. 어두워진 후 밤하늘의 별빛과 계곡 아래의 불빛을 벗삼아 발로 비박산장으로 하산했다. 영하15도 아래로 떨어지는 침상에서 서너 장의 담요로 춥고 긴 하루밤을 보내야 했다. 다음날 아침에 스키로 빙하를 미끄러져 내려 샤모니에서 아침식사를 한 적이 있다. 몽블랑은 나의 앞산인 셈이다.

그랑 뮬레산장

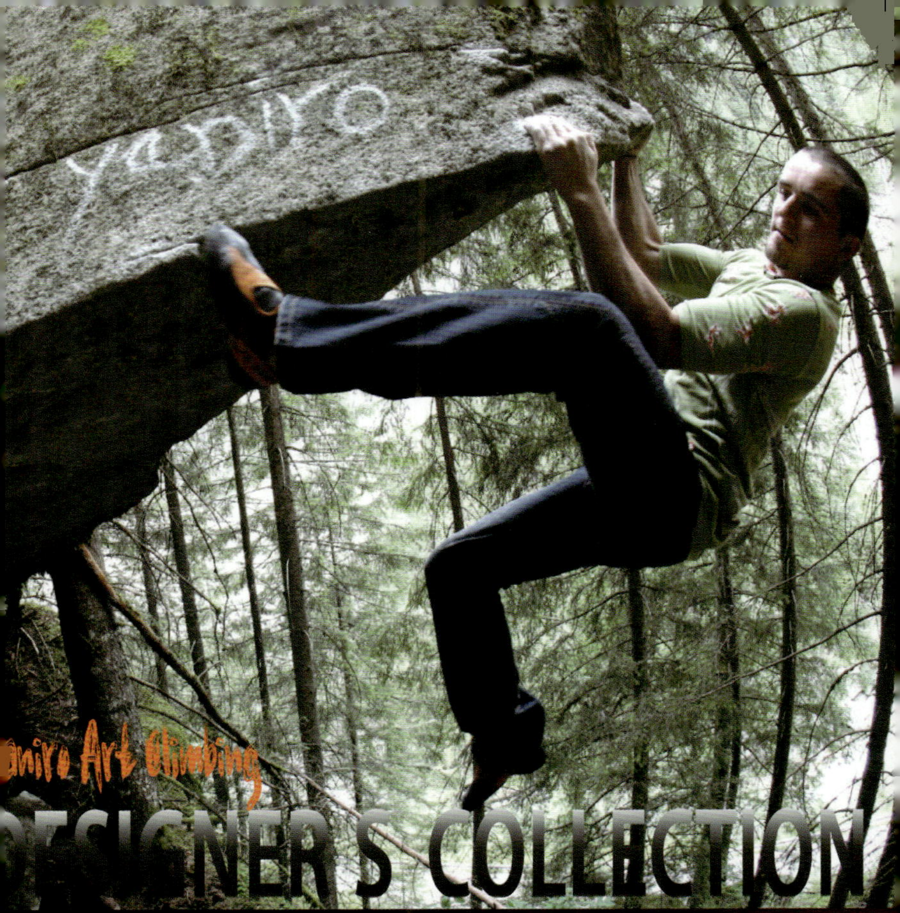

DESIGNER'S COLLECTION

design by Im Duck Yong

Spoga s.r.l

Via Palade 3/a 39011 Lana(BZ) Italy
Tel: 0473/565199   Fax: 0473/564661
E-Mail: yaniro@spoga.it
P.IVA: 01615180215

몽블랑 북동릉 루트
(코스믹 산장 기점)

에귀 우쉬 쪽에서 본 트와 몽블랑 쪽 전경

코스믹 산장을 기점으로 하는 북동릉 루트는 고산 등반의 묘미를 만끽할 수 있는 루트지만 충분히 고소에 적응한 후에 시도하는 게 바람직하다. 타퀼이나 몽모디 등 4,000미터 이상의 고개를 연속해서 넘어야 하는 긴 루트로서 날씨가 좋지 않을 때에는 루트 파인딩에 유의해야 한다.

콜 모디(4,035m)에서 몽모디 북사면을 오르는 모습.

브렌바 고개(4,303m).
몽블랑이 구름에 휩싸여 있다.

정상부 설원

정상에 선 김정겸씨 일행

돔 데 구테(4,304m)

몽모디 서면을 횡단해 콜 뒤 몽모디로 다가서고 있다.

콜 뒤 몽모디에선 두 피치 자일하강
을 해야 한다.

알프스의 별빛은 유난히 초롱초롱하다. 굳이 알퐁스 도데의 '별'을 떠올리지 않더라도 별은 우리네 가슴에 아름답게 그려져 있다. 애틋한 사랑의 맹세가 저기 저 별에 아로새겨져 영원히 빛난다.
비박 중인 알피니스트의 가슴에 바로 저 별빛이 내려앉는다.
추억에 대한 아련함과 앞으로의 등반에 대한 설렘이 교차한다.

코스믹 산장 앞 발레브랑쉬 설원의 밤풍경

칠흑 같은 어둠, 차가운 공기가 폐부를 시원하게 한다.
정적이 감돈다.
미풍이 분다.
셀 수 없이 많은 별들이 은하수를 이룬다.
별똥별이 검은 하늘을 가른다.
가보지 못한 먼 곳에서 온 수많은 별빛이
초롱초롱 합창한다.
황홀함이 깃든다.

코스믹 산장 앞 발레브랑쉬 설원의 밤풍경

등반을 앞두고 잠을 설치는 경우가 많다.
자주 알파인 지대로 향하는 내가 짊어져야 하는
삶의 무게다.
등반이 어렵고 벽이 높을 수록 무게감은 더 하다.
그럴 수록 어차피 져야 할 짐이면 기꺼이,
즐겁게 지리라 마음을 다진다.
이 정도는 삶에 있어 좋은 촉진제일 뿐이며 위험이 없는
삶이 가장 위험하지 않느냐는 생각을 하며 마음을 다스린다.

여름철 날씨가 좋으면 코스믹 산장이나 설원의 캠프에서
출발한 산악인들의 불빛이 이어진다. 대게 새벽 2시 전에
출발해야 몽블랑 정상에 다녀올 수 있다.

규칙적인 아이젠의 발걸음 소리와 카라비너와 하켄 등
하드웨어 등반장비들이 부딪치며 화음을 이룬다.
어둠 속에 희뿌연 빙하가 길게 뻗어 있다.

빙하 건너편에는 우리의 등반목표가 거대한 성곽을
이루며 버티고 서 있다. 저 멀리 다른 알피니스트들의
랜턴 불빛이 꿈틀거린다. 서서히.

렌턴 불빛이 밤의 어둠을 꿰뚫으며
서너 시간 올라야만 날이 밝아온다.

해가 뜨는데 아무런 도움이 되지 못하지만
이 지구별의 일원임을 자각하면서 존재의 의미를
깨닫는다.

새벽 2시 전에 출발한 산악인들은 4~5시간후인
해뜰 무렵이면 콜 뒤 몽모디에 올라서게 된다.

콜 뒤 몽모디에 올라선 산악인들.
저멀리 몽블랑 정상이 보인다.

콜 뒤 몽모디
(4,345m)

브렌바 고개(4,303m)

매끄러운 칼날 같은 빛의 줄기들이
시야에 꽂히면 선그라스를 써야할 시간이다.

브렌바 고개에서 오르는 산악인들 뒤로
이태리쪽 산군이 펼쳐져 있다.

정상 아래 설원.
이 즈음에서 지치게 된다.

쉼없이 걷고 또 걸어야 정상에 다가갈 수 있다.

코스믹 산장에서 출발한 부부 산악인이
정상에 올라서고 있다.
뒤로 몽블랑 산군의 동북쪽 전경이 펼쳐지고
저멀리 베르너 산군과 발레 산군이 보인다.

우리들은 약간의 명예나 자존심이나마
얻으려는 이기심으로 산을 오르는 것은 아닌가.
진정 무엇을 위해 올라야 하는가?

지닌 것이라곤 배낭 하나가 전부다.
살아남기 위해서는 이것만으로 충분하다. 그만큼 자유롭다. 자신의 모든 흔적을 설벽에 남기며 자신의 길을 간다.
결코 삶을 회피하기 위해 그 길을 가는 것이 아니다. 영혼의 공허와 육체의 고독을 이기기 위해 몸부림치며 오르지만 생의 활력을 되찾고서 팔팔하게 살아 돌아오기 위해 떠난 것이다. 그리고 무언가를 버리기 위해…
하지만 그도 살아 돌아온 후, 현실의 편의에 녹아들어 산에서의 맹세나 깨침을 잊게 되고 세파에 물들고 시류에 기대고 만다. 끊임 없는 정진만이 산에서 얻은 자유를 지켜낸다.

심설을 헤치며 몽블랑 뒤 타퀼 북사면을 오르는 백승기 선배와 이진기씨.
2년전 여름이었는데, 우리는 몽블랑 정상에서 하룻밤 자기 위해 비박장비를
잔뜩 지고 올랐다.

나이가 들면서 기력은 약해질지라도
의지력은 강해진다는 말처럼 오늘 하루도,
지금 이 순간도 묵묵히 오를 따름이다.

브렌바 고개.
늘 바람이 심하게 부는 안부이다.

정상에 다가서고 있는 일행

다음날 아침, 하룻밤 묵은 설동을 떠날 준비를 하고 있다. 정상 남측 사면에 두 시간 이상 힘들게 판 눈굴이었다.

정상에 선 일행 뒤로 짙은 구름이 몰려왔다. 하산시 화이트 아웃에 갇혀 고생했다.

하늘에서 본 몽블랑 산군.
북동쪽 전경

몽블랑 동쪽면

〈나와 몽블랑〉

나는 이제껏 몽블랑을 30여 회 올랐다. 적어도 1년에 두세 번은 오르고 있다.
일반적으로는 구테 루트로 오르지만 기억에 남는 다른 루트로 오른 경우들을 회상해 본다. 우선 보송 빙하 루트로는 오래 전 봄에 산악스키를 이용해 오른 적이 있다. 산악스키를 신고 빙하를 거슬러 올라 그랑뮬레 산장을 이용하지 않고 곧바로 발로 산장까지 올랐다. 늦은 오후가 다 되어 도착했지만 여기에 스키를 벗어두고 설릉을 경유해 정상에 서니 해가 지고 있었다. 아무도 없는 저녁풍경을 혼자 즐기며 오른 멋진 등반이었다. 발로 비박산장에 내려와 비박 후, 다음날 곧장 스키를 타고 빙하를 거슬러 내려 샤모니에서 아침을 먹었다. 한편 북동릉을 통해서도 종종 정상에 올랐는데, 코스믹 산장에서 아침 일찍 출발해 당일로 다녀오는 경우도 있었지만 어느 한 해에는 텐트와 침낭 등을 지고 올라 몽블랑 정상 아래의 브렌바 고개에서 하룻밤 잔 적이 있다. 바람이 몹시 심하고 추웠지만 다음날 정상에 선 후, 구테 루트로 횡단해 내려왔다. 또 다른 등반은 약 10년 전에 후배 둘(차성재, 박하동)과 동벽을 오른 적도 있다. 포르클라 비박산장에서 새벽에 출발한 우리는 동벽의 마조(Major) 루트를 올랐는데, 하루 종일 올라도 정상에 서지 못하고 벽 상단부의 빙벽에서 비박을 했다. 마침 비박용 판초가 있어 셋이서 뒤집어쓰고 쏟아지는 눈을 막으며 추운 하룻밤을 견뎌냈다. 한데 다음날 아침에 보니 온 사방이 짙은 구름에 쌓여 있어 정상부의 드넓은 설원에서 방향을 잃어 한참 헤매다 겨우 정상 능선에 올라서니 구름이 흩어졌다.
또 다른 기억에 남는 등반은 남벽인데, 벽 아래의 에클 비박산장에 도착하는 데만도 이틀이나 걸렸다. 이 등반에서는 산악회 후배인 황기용, 박하동과 함께였다. 거기서 우리는 보나티가 오른 브르이야르(Brouillard)의 한 벽을 등반하고 비박산장으로 돌아와 다음날 이노미네트(Innominette) 리지를 통해 정상으로 향했다. 한데, 도중에 길을 잃고 헤매다 겨우 남벽을 넘어섰다. 이미 어두워져 정상까지 가지 못하고서 비박지를 찾다 못 찾아 고생하고서 겨우 크레바스 하나를 찾아 들어가니 밤 12시가 넘었다. 크레바스 속의 추운 냉동고 속이었지만 매서운 바람이 기승을 부리는 바깥에 비해 훨씬 나아 앉은 채 하룻밤 지새우고 다음날 무사히 정상에 올라 샤모니로 하산했다. 2년전 여름에도 백승기 선배와 이진기씨와 북동릉으로 올라 정상에 설동을 파고 하룻밤 자고 내려온 적이 있다.
이렇듯 몽블랑은 나의 알프스 산행에서 많은 추억들을 간직하고 있는 봉우리이다. 앞으로는 서쪽 미아지 빙하 쪽에서 몽블랑을 오르고 싶은 희망이 있다. 많은 눈이 내리는 날 외에는 하루도 빠지지 않고 만나는 몽블랑은 그 너른 품으로 언제나 나를 포근히 대하는 벗과 같다. 가끔은 그 혹독함으로 나의 자만을 깨우쳐주는 스승으로서의 역할도 하고 있다. 이처럼 몽블랑은 나에게 있어 알프스의 명봉 중 첫손에 꼽고 싶다.

몽블랑

알프스 등반에서 비박을 경험해 보지 않고는
제대로 알프스를 겪어보지 못했다고 보아도 좋다.
텐트나 매트리스, 심지어 침낭도 없이 등반복
차림 그대로 시린 팔다리를 비벼가며 긴긴밤을
지새우는 일은 절대 쉽지 않다.
하지만 그토록 춥고 불편하고 미쳐버릴 정도로
힘들었던 밤은 훗날 그날 밤의 바로 그 캄캄한
밤하늘에 반짝이던 별빛처럼 추억 속에서
찬란하게 빛날 것이다.

에귀 누와르 드 페터레이

에귀 블랑쉬 드 페터레이

"계산된 위험은 감수하라, 이는 단순히
무모한 것과는 완전히 다른 것이다."라는
조지 패튼의 말은 산악인들 사이에서
흔히 말하는 "위험은 피하고 곤란은 극복하자"
는 말과 같은 뜻일 것이다.
불나방이 아니고서 어찌 위험을 감수하리.
역경을 딛고 어려움을 이겨내야 하는데
'위험과 곤란'을 어떻게 구분하느냐가
문제이다. 곤란을 위험으로 여겨 발길을 돌린
경우도 나는 많다. 후회하곤 한다.

몽블랑 서쪽면

돔 뒤 구테

고빌라 산장
(3,071m)

헬리곱터에서 본 몽블랑의 서쪽면.
이제껏 내가 오르지 못한 유일한 몽블랑의 한 면이다.

흔히 "이성이 열정보다 앞서야 한다."고 하지만 나는 이성과 열정이 균형을 이뤄야한다고 생각한다.
열정만 앞서다보면 사고로 이어질 수 있기에 매사에 신중하고 조심해야 한다는 말이지만 지나치다보면 시도조차 못하는 경우도 있다.
등산은 행위가 우선시 되는 활동이다. 머리로만 오를 수는 없다. 나도 시행착오를 많이 겪은 편인데, 열정에 찬 시행착오의 교훈이 진정한 배움이었다고 본다.

투르 롱드

피라미드 뒤 타퀼

쿠베르클 산장 쪽에서 본 몽블랑쪽 전경

이곳의 산들은 늘 높은 곳을 선택하는 백설이 승리하는 곳이다.
3,000미터 이상 어디에나 만년설을 이고 있다. 특히 알프스의 맹주 몽블랑은 모든 것들을 아래에 두고도 오직 하나의 색, 흰빛만을 발하고 있다. 탐욕스런 인간들이 버리고 간 오줌과 똥, 음식 찌꺼기와 각종 쓰레기, 한없는 욕망에 찬 인간들이 제풀에 주저앉은 시체들마저 끌어 앉고도 늘 희다.
몽블랑은 자신의 몸뚱이를 깎아내고 못질하면서까지 자신을 할퀴며 기어오르는 인간들의 잔인한 도구(피켈, 아이젠, 하켄 등)들도 기꺼이 용인한다.
몽블랑은 그러한 부조화를 털어내기 위해 가끔은 눈보라를 일으켜 스스로 씻어낸다. 바람과 눈은 몽블랑이 자신을 정화하는 도구다.
우리 눈에는 금방 깨끗해 보이지만 몽블랑은 긴 장고의 세월을 두고 서서히 자신을 정화한다. 때때로 천지를 진동하며 세락의 끄트머리를 떨어뜨려 낸다거나 가공할만한 위력의 눈사태를 일으켜 자신의 몸을 추스르기도 한다.

2. 몽모디
Mont Maudit (4,465m)

에귀 뒤 미디 전망대에서 본 몽모디 북동면.
우측 어깨능선에서 설사면으로 하산한다.

알프스의 최고봉 몽블랑 북서 자락에 위치한 샤모니서 지내고 있는 나는 종종 몽블랑 쪽을 지켜본다. 이른 아침에는 몽블랑 쪽 하늘을 보면서 하루의 날씨를 가늠하고 저녁에는 멋진 저녁놀을 기대하기 때문이다. 한낮의 야외생활에서도 몽블랑은 늘 시야에 들어오는 경우가 많다. 바로 이 몽블랑 동북쪽에 인접해 솟아 있는 몽모디(Mont Maudit) 또한 늘 시야에 들어온다. 그 위엄이 최고봉만 못하지만 만만치 않다. 무엇보다 이 봉우리의 정상은 접근이 용이하지 않다. 몽블랑 뒤 타퀼의 북서면을 지나 몽모디의 북면으로 오르거나 이태리와 프랑스의 국경능선인 쿠프너 능선을 통해, 그리고 보다 멀리 몽블랑을 넘어야 하기 때문이다. 날씨가 좋지 않을 때 정상부에서는 악천후에 곧바로 노출되기에 철저한 준비가 필요하다. 몽모디의 북서 측면은 눈 덮인 육산의 형상이지만 남동 측면은 가파른 화강암봉인 악산의 모습이다.

동쪽에서 본 몽모디.
쿠푸너 리지가 정상부까지
이어져 있다. 악산이다.

서쪽에서 본 몽모디.
몽블랑을 오르기 위해서는 정상 아래쪽 사면을 가로지른다.

등행자들 뒤로 에귀 뒤 미디가 보인다.

좌측 능선을 따라 올라 우측 능선 중앙에서 설사면을 따라 하산한다.

꼴 모디의 세찬 바람에 맞서 오르는 이진기씨와 백승기 선배.

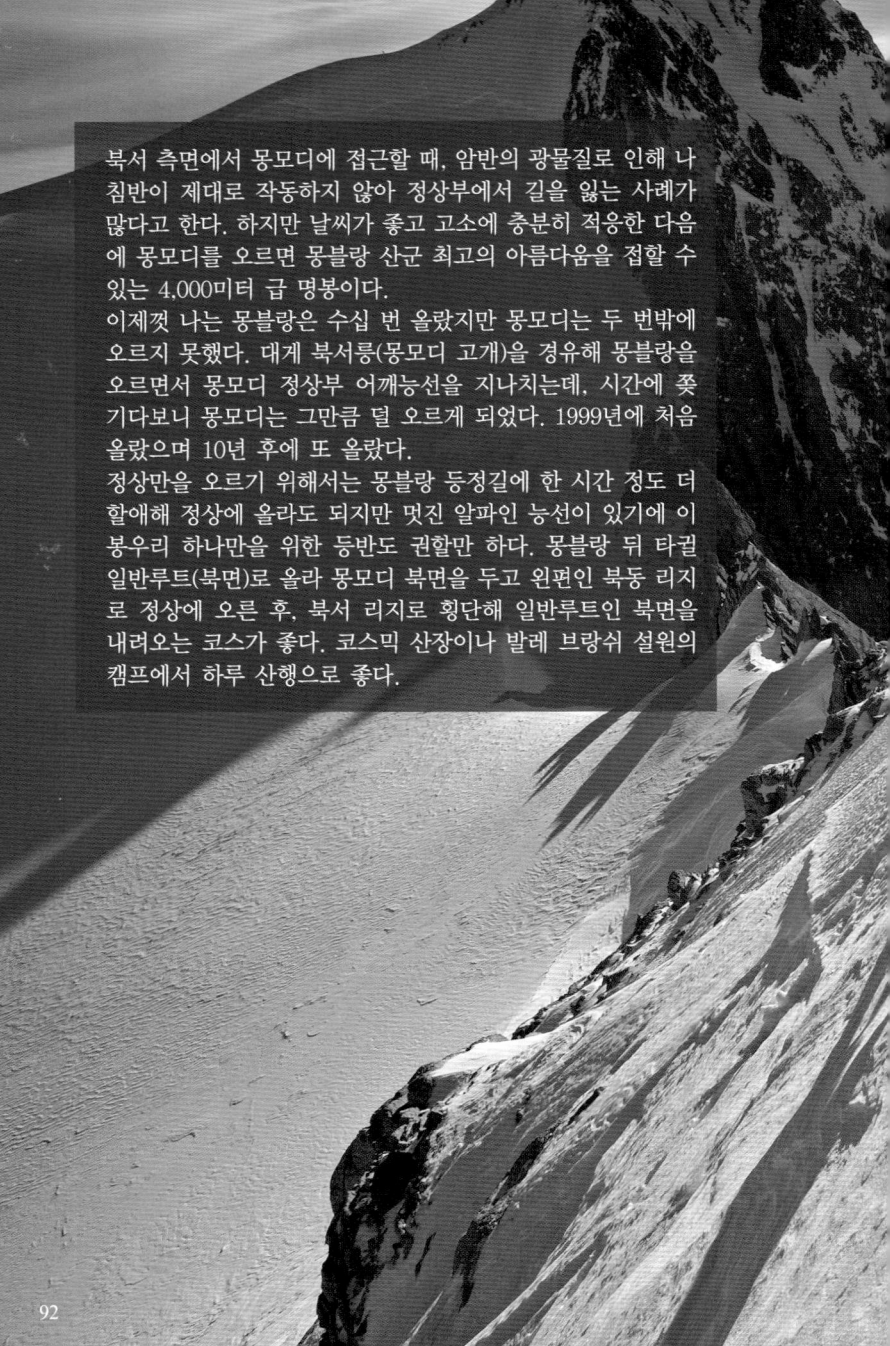

북서 측면에서 몽모디에 접근할 때, 암반의 광물질로 인해 나침반이 제대로 작동하지 않아 정상부에서 길을 잃는 사례가 많다고 한다. 하지만 날씨가 좋고 고소에 충분히 적응한 다음에 몽모디를 오르면 몽블랑 산군 최고의 아름다움을 접할 수 있는 4,000미터 급 명봉이다.

이제껏 나는 몽블랑은 수십 번 올랐지만 몽모디는 두 번밖에 오르지 못했다. 대게 북서릉(몽모디 고개)을 경유해 몽블랑을 오르면서 몽모디 정상부 어깨능선을 지나치는데, 시간에 쫓기다보니 몽모디는 그만큼 덜 오르게 되었다. 1999년에 처음 올랐으며 10년 후에 또 올랐다.

정상만을 오르기 위해서는 몽블랑 등정길에 한 시간 정도 더 할애해 정상에 올라도 되지만 멋진 알파인 능선이 있기에 이 봉우리 하나만을 위한 등반도 권할만 하다. 몽블랑 뒤 타퀼 일반루트(북면)로 올라 몽모디 북면을 두고 왼편인 북동 리지로 정상에 오른 후, 북서 리지로 횡단해 일반루트인 북면을 내려오는 코스가 좋다. 코스믹 산장이나 발레 브랑쉬 설원의 캠프에서 하루 산행으로 좋다.

콜 모디에서 북동 리지 하단부
설사면을 오르고 있다.

북동 리지의 설릉을 오르는 일행 뒤로 몽블랑 산군의 파노라마가 펼쳐져 있다.
그랑 죠라스 너머 저멀리 발리 산군도 아스라이 보인다.

다행스럽게도 난 고소공포증을 느끼지 않아
위대한 높이에서 아래를 편안히 내려다보곤 한다.
-John Buchan-

북동 리지의 중간지점인 숄더의 바위지대를 오르는 선등자 아래로 브렌바 빙하가 내려다보인다.

저 멀리 펼쳐진 거대한 윤곽의 선들.
카메라의 망원렌즈처럼 동공을 당겨 살펴보면 웅장한 능선들 사이에도 들쭉날쭉한 굴곡들이 눈에 들어온다. 우리네 인생에서도 지나온 날들을 돌이켜 보면 삶의 굴곡들이 저 멀리 오르내리는 능선처럼 떠오른다.
하나 둘 그 속내에 감춰진 삶의 굴곡들이 펼쳐진다. 굴곡이 없다는 것은 평이하다. 산을 타는 이에게는 평원에 갈 이유는 없다. 삶에도 굴곡이 없으면 그만큼 무미건조한 건가? 험한 산을 타야지만 굴곡이 있는 삶도 아닐 것이며, 굴곡이 있는 삶이 바람직한 것만은 아닐진대 산으로만 향하게 되는 우리들…

리지 하단부 설릉을 오르는 일행.
이태리와 프랑스의 국경선인 셈인데,
우측 뒤의 투르 롱드로 이어져 있다.

알파인 지대에서는
조그마한 실수라도 치명적인 결과를 초래한다.

중간지점인 숄더를 오르는
일행 뒤로 등반선이 내려다
보인다.

북동 리지 중간중간에는 설릉을
오르내리는 구간이 많다.

왼편 이태리쪽으로 커니스가 진 설릉이
정상까지 이어져 있다.

진정한 등산은…….
무엇보다도 투쟁과 극기, 이상적이고도 웅장한 산들에 둘러싸인 정신적인 안정과 즐거움이 동반되어야 한다. 바로 이러한 이유 때문에 산봉우리들의 등정에 항상 뒤따르는 시련과 고난, 궁핍은 등산가가 그의 힘과 개성을 길들이기 위해 받아들이는 타당한 시험이 된다.
험난한 시련을 겪으면서 예상치 못한 어려움에 밀접하게 관련된, 그리고 산에서의 수천의 위험스런 상황에 처한 알피니스트는 그의 장점과 단점 모든 면에서 자신만의 색깔로 자기 자신과 다른 이들 앞에 무자비하게 벗겨져 가로놓이게 된다.
내 견해로는 이것 하나만으로도 산들이, 등반가에 대해 가장 아름답고도 즐거운 감정과 진보의 뿌리인, 어떤 특성들의 완성에 기여하는 최상의 시련의 근원이 될 수 있음을 누구에게나 확신시키기에 충분하다.

-월터 보나티-

바람에 분설이 날리는 설릉을 횡단하는 일행.
좌측 뒷봉우리는 몽블랑 뒤 타퀼이며,
그 뒤는 에귀 베르트이다.

정상 아래의 급사면을 오르는 일행 뒤로 북동 리지가
보이며 저멀리 베르너 산군이 아스라이 보인다.
리지 바로 뒤는 몽블랑 뒤 타퀼이다.

정상에 선 백승기 선배와 이진기씨. 뒤로 몽블랑 및 몽블랑 동벽이 보인다.

안자일렌을 하고 하산하는 일행 뒤로 몽블랑이 보인다.

북면으로 하산하며 만난 산악스키어들.
몽블랑 산군에서는 초여름까지 산악스키어들이 활동한다.

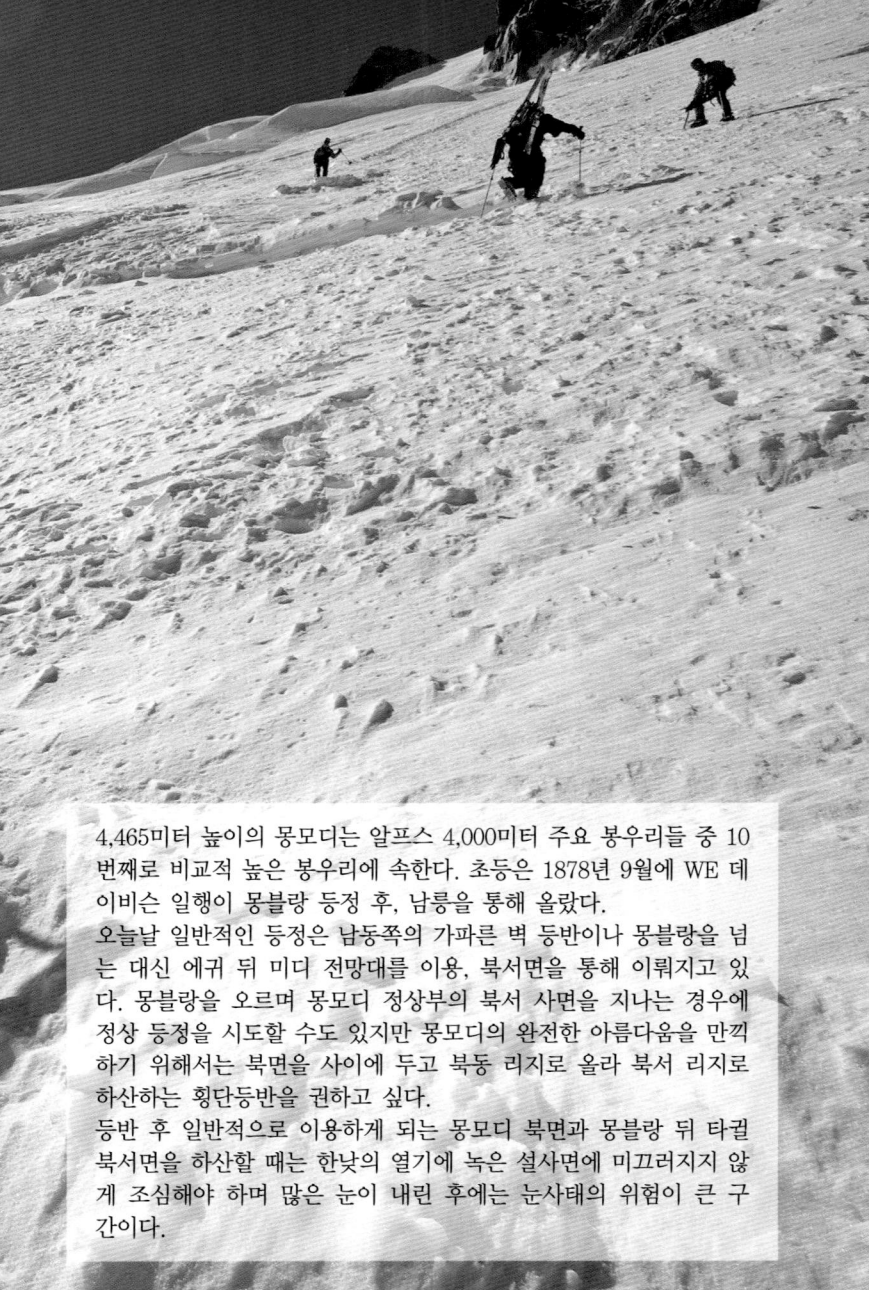

4,465미터 높이의 몽모디는 알프스 4,000미터 주요 봉우리들 중 10번째로 비교적 높은 봉우리에 속한다. 초등은 1878년 9월에 WE 데이비슨 일행이 몽블랑 등정 후, 남릉을 통해 올랐다.

오늘날 일반적인 등정은 남동쪽의 가파른 벽 등반이나 몽블랑을 넘는 대신 에귀 뒤 미디 전망대를 이용, 북서면을 통해 이뤄지고 있다. 몽블랑을 오르며 몽모디 정상부의 북서 사면을 지나는 경우에 정상 등정을 시도할 수도 있지만 몽모디의 완전한 아름다움을 만끽하기 위해서는 북면을 사이에 두고 북동 리지로 올라 북서 리지로 하산하는 횡단등반을 권하고 싶다.

등반 후 일반적으로 이용하게 되는 몽모디 북면과 몽블랑 뒤 타퀼 북서면을 하산할 때는 한낮의 열기에 녹은 설사면에 미끄러지지 않게 조심해야 하며 많은 눈이 내린 후에는 눈사태의 위험이 큰 구간이다.

등반이란 그 벽이 얼마나 높고 얼마나 어려우며
등반기술이 얼마나 뛰어나냐로 가늠해서는 안된다.
작은 등반일지라도 멋진 추억으로 남는다면
그게 바로 참다운 등반이다.
등반사진은 바로 그 멋진 추억들을 남기는
한 방편이기도 하다.

투르 롱드에서 본 몽모디(우측)와 몽블랑(좌측).
바로 앞 능선이 쿠프너 리지로서 국경선을 이루며
몽모디를 거쳐 몽블랑까지 이어져있다.

3. 몽블랑 뒤 타컬
Mont Blanc du Tacul (4,248m)

몽블랑 뒤 타쿨 동벽에는 많은
갈래의 빙벽과 암릉이 있다.

그랑 카푸생

피라미드 타귈

몽블랑 뒤 타귈(Mont Blanc du Tacul, 4,248m)은 말 그대로 알프스의 최고봉 몽블랑(Mont Blanc, 4,810m)이 북측으로 어깨를 늘어뜨린 그 끄트머리에 위치해 있어 "몽블랑의 꼬리" 라는 이름이 붙은 봉우리다.
주봉인 몽블랑이 알프스의 최고봉으로서 유럽인들이 평생 한번 즈음은 오르고 싶어 할 정도로 많은 인기를 누리고 있다면, 이 몽블랑 뒤 따귈은 그에는 못 미치지만 알피니스트들에게만은 몽블랑보다 더한 인기를 누리고 있다. 그 이유로는 발레 브랑쉬 설원을 굽어보며 병풍처럼 펼쳐진 동벽 및 북면에 수많은 바위벽과 빙벽 코스들이 산재해 있으며, 접근 또한 용이하기 때문이다.
마치 내가 서울서 생활할 때 즐겨 찾던 북한산의 인수봉과 같을 정도로 자주 찾는 봉우리이다. 물론 산의 모양새나 높이 등등 모든 것이 서로 다르지만 나에게는 친근한 등반대상지이다.
등반에 대한 부담감 없이 찾을 수 있는 산이라고는 하지만 이 봉우리의 동면에는 1,000미터 높이의 수많은 벽과 쿨와르가 병풍처럼 펼쳐져 있다. 나는 이 동벽에서 세 루트를 등반했으며 모두 멋진 등반이었다.

타귈 정상

프앙트 라쉬날

발레 브랑쉬 설원을 내려오면서 본 몽블랑 뒤 타귈 동벽.

동벽에 산재한 많은 등반루트들 중에 겨울 시즌에 현지 산악인들이 즐겨 오르는 중급 난이도와 높이를 지닌 루트들이 었다. 바로 모디카-누리(Modica-Noury)와 가바로-알비노니(Gabarrou-Albinoni) 루트이다. 난이도 5+~4+급과 높이가 500미터인 이 루트는 해가 짧은 겨울철이지만 샤모니에서 당일로 등반이 가능하기에 인기가 높다. 또한 이 두 루트는 출발지점이 같으며 중단부에서 좌우로 갈라진다. 모디카-누리 루트는 일본산악인 겐기 나루미와, 가바로-알비노니 루트는 현지산악인 줄리앙과 등반을 했다.

쿨와르 하단 설사면을 오르는 줄리앙

쿨와르 하단부에서 연등하고 있는 현지 산악인들.
겨울이나 봄철에는 스키로 접근해 등반들을 많이 한다.

가바로-알비노니 루트

중단부 갈림길에서 가바로-알비노니 루트에 접어들고서 2번째 피치이다.

상단부로 갈수록 도중에 믹스지대도 나타난다.

등반후 능선에 올라 정상까지 가는 대신
일반적으로 오른 루트를 따라 자일하강을 한다.

SCARPA® MOVES YOUR EXPERIENCE

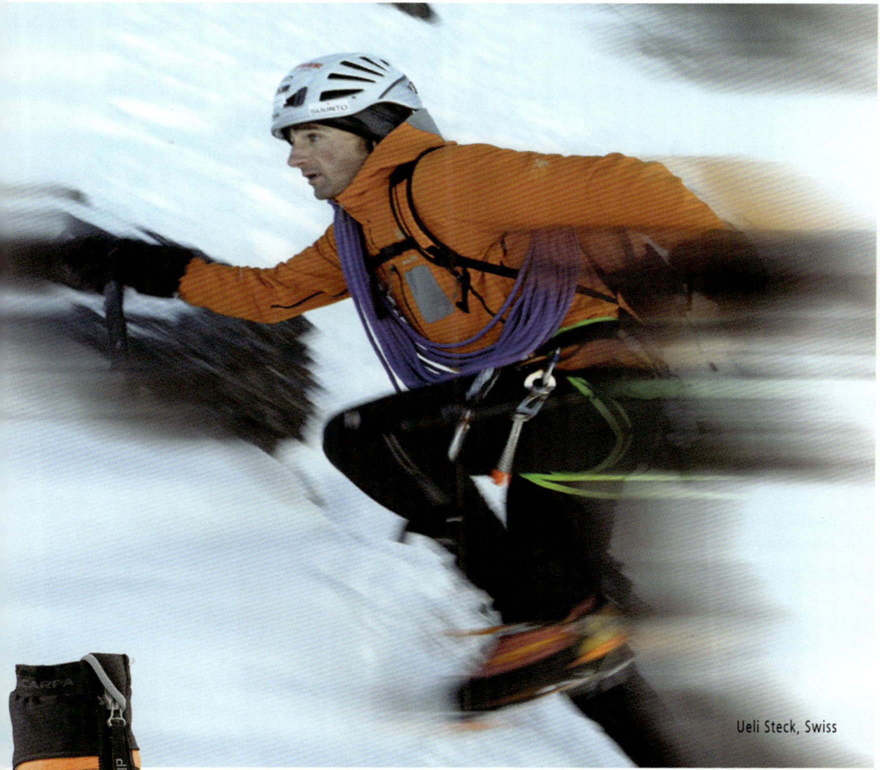

Ueli Steck, Swiss

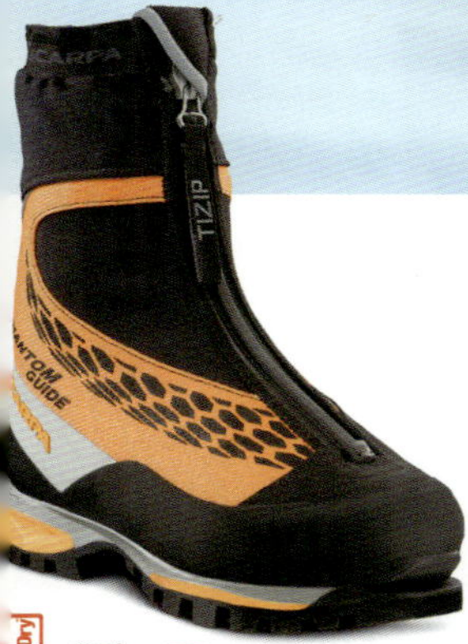

70년 전통의 이태리 명품 등산화 브랜드 '스카르파'(SCARPA)의 동계 빙벽화

팬텀 가이드 PHANTOM GUIDE

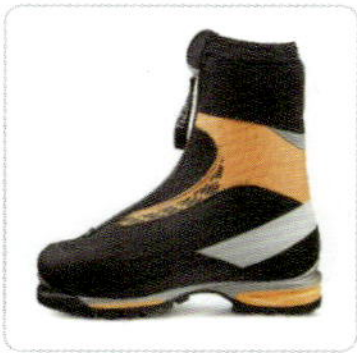

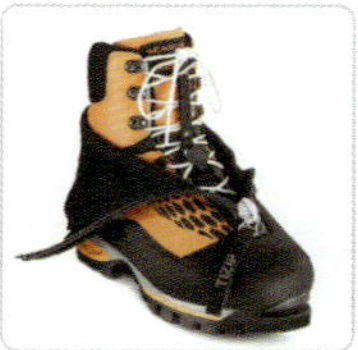

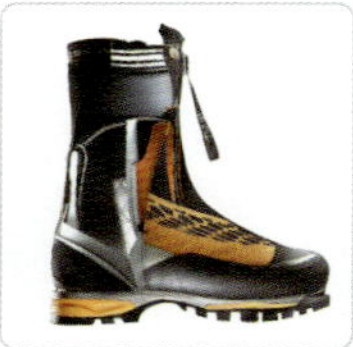

₩732,000

SCARPA® is a trademark of the shoe manufacturing company "Calzaturificio S.C.A.R.P.A. S.P.A" located in Italy (TV)   www.nelson.co.kr   (주)넬슨스포츠

모디카-누리 루트

갈림길에서 우측 루트인 모디카-누리 루트를 오르는 일본산악인 겐기 나루미.

위에서 끝없이 쏟아지는 분설가루 때문에
종종 이렇게 멈춰야 했다.

모디카-누리 루트 상단부를 오르는 일본산악인 겐기 나루미는 월드컵 빙벽대회 참가자답게 빙벽을 잘 했다.
알파인 등반에 관심을 가져 6개월간 알프스에서 지낸 20대 후반의 젊은이였는데, 우에무라 나오미의 동생처럼 여겨졌다.
한국의 젊은 산악인들도 이들처럼 보다 넓고 높은 곳으로 무작정(?) 떠나는 이들이 많아졌으면 한다. 그후 나루미는 히말라야의 한 봉우리에 초등루트를 냈다.

라파엘 걸리
(Lafaille Gully II 4급, 800m)

산악스키를 이용, 동벽 좌측에 위치한 라파엘 걸리로 접근하고 있다.
걸리 상단부에서는 오른편 대각선 위로 정상을 향해 비스듬이 횡단해 오르면 된다.

첫 피치인 베르그슈른트를 넘어서고 있는 줄리앙. 푸석한 눈이 자꾸만 무너져 내려 넘어서기 쉽지 않았다.

동벽 좌측에 위치한 라파엘 걸리(La-faille Gully II 4급, 800m) 또한 멋진 루트다. 현지 산악인 줄리앙과 두번 등반했는데, 첫번 시도에선 몇 피치 오르지 못했다. 다음번 시도에서 우리는 상단부, 경사도가 약해지는 부분까지 오르고서 하강했다.

우리는 모두 스키로 접근해 등반을 하고 그날 늦게 샤모니로 내려왔다. 겨울, 봄철에만 등반이 가능하다. 이 루트는 1985년 2월 12일에 장-크리스토프 라파엘(Jean-Christophe Lafaille)이 단독으로 초등한 루트이다. ENSA 교수였던 라파엘은 산악강국 프랑스를 대표하던 알피니스트였지만 몇 년 전 겨울에 마칼루를 그것도 혼자 오르던 중 영원히 그 산의 일부가 되어버린 사나이다.

두번째 피치. 뒤로 저멀리 눈밭에 벗어둔 스키들이 보인다.

확보자 뒤로 저멀리 솟아있는 봉우리는 당 뒤 제앙이다.

몇 년 후, 두번째 등반에서 네번째 피치를 오르고 있는 줄리앙. 오를 수록 빙벽이 얇아진다.

경사가 완만해지는 상단부에서 우리는
정상으로 향하지 않고 자일하강을 했다.

하루내내 빛이라곤 들지 않는
겨울철이라 몹시 추웠다.

등반후, 추위로부터 탈출하듯 급히 스키를 타고 내렸다.
메르데 빙하를 따라 샤모니까지 20여 킬로미터를 단숨에 달린다. 빙벽등반과 함께 할 수 있는 겨울철 즐거움이다.

정상

몽블랑 뒤 타퀼
북사면 루트(일반 루트)

몽블랑 뒤 타퀼
삼각북벽

몽블랑 뒤 타퀼의 정상을 오르는 가장 쉬운, 일반적인 루트는 삼각북벽 오른편의 북사면 루트이다. 1855년 8월 5일에 허드슨 일행에 의해 초등된 루트이다. 에귀 뒤 미디 남쪽에 위치한 몽블랑 뒤 타퀼의 북사면 초입과 삼각북벽은 전망대의 얼음동굴을 빠져나와 약 한 시간이면 도달할 수 있다. 북사면으로의 등정은 알프스에서 가장 쉬운 4,000미터 급 등반에 속한다. 러셀이 되어 있는 여름철 성수기인 경우 등정에 약 4시간, 하산에 3시간이면 된다. 하지만 간혹 북사면에 거대한 베르그슈른트가 형성되어 어려울 수도 있으며, 정상 바로 아래 두 피치 구간에선 자일로 확보하는 게 바람직하다.

몽블랑

산은 느끼는 것이다.
바람을, 추위를, 고소를, 땡볕을, 갈증을, 해방감을, 존재감을,
성취감을, 행복을, 공포를, 외로움을, 안정을, 즐거움을……

등반은 행하는 것이다.
설벽, 빙벽, 암벽, 믹스, 빙하, 침봉, 북벽, 남벽, 동벽, 서벽……

해뜰 무렵, 콜 뒤 미디를 뒤로 하고
북사면 초입을 오르는 산악인들.
우측 위는 삼각북벽 하단부이다.

콜 뒤 미디에 햇살이 닿으면서 하루가 시작된다.

에귀 뒤 미디에서 이 지점까지 한 시간이면 닿는다.

북사면에는 이런 세락지대를 지나는 곳이 많다.

등반자 뒤로 보송 빙하가 흘러내리며, 샤모니 계곡이 내려다보인다.

많은 눈이 내린 다음에는 러셀을 하며 힘들게 올라야 한다. 북사면 중단부를 오르는 산악인들 너머로 에귀뒤 미디가 보인다. 우측 저멀리 에귀 베르트와 드류 등이 보인다.
북사면 루트(II/PD급, 700m)는 몽블랑을 오르는 한 구간이기도 하기에 나는 이제껏 수없이 자주 올랐다.
몇 년 전, 여름에는 눈사태가 발생해 8명이 흔적도 없이 사라졌다. 크고 작은 눈사태가 자주 발생하는 곳이기에 눈이 내린 다음에는 조심하는 게 바람직하다.

콜 뒤 미디에서 두 시간 이상 올라 도착하는 정상 능선. 여기서 30분 이상 올라야 정상이다. 일반적으로 바람이 심하게 불기에 충분한 준비가 필요하다.

등산에서 모든 발걸음 하나하나는
등반가 자신의 현실과 이상 사이에 내딛는 논쟁거리다.
— George Meredith —

북사면 루트는 어렵지
않지만 고소적응이 되지
않았거나 알파인 등반경험이
없다면 쉽지 않다.

정상에서 멀지 않은 곳의 등정자들.

타퀼 정상의 모습. 몽블랑 산군 중앙에 위치해 있어 두루 살펴볼 수 있는 멋진 전망대다.

보송 빙하가 샤모니 계곡으로 흘러내리고 있다.
이 지점 바로 아래에서 세 번째 사람이 미끄러져 넷이 함께 추락했다. 사진을 찍고 있던 나는 카메라를 팽개치고 피켈로 제동하려 몇번이나 필사의 노력을 다했지만 실패하고 말았다. 수십미터나 미끄러지고 난 다음에 기적적으로 거대한 세락 위 몇 미터 지점에서 구사일생했다. 지난 10년간 알프스에서 경험한 가장 아찔한, 끔찍한 순간이었다.

간혹 북사면 루트에서 이런 높은 빙벽을 오르내리는 경우도 있다.

몽블랑 뒤 타귈 삼각북벽
(Triangle du Tacul 3,970m)

몽블랑 뒤 타퀼에서 무엇보다 내가 즐겨 찾는 곳은 북면의 삼각북벽이다. 삼각형 형상을 한, 그다지 높지 않은 350미터 높이의 북벽으로서 많은 알피니스트들에게 보다 큰 알프스의 북벽등반을 위한 좋은 훈련장소가 되고 있다.

대표적인 루트는 오른편에 위치한 빙벽루트 쉐르(Chere) 루트에서부터 정중앙에 위치한 꼰따민-마쬬(Contamine-Mazeaud) 루트가 있다. 이 루트는 넓은 빙사면으로 시작하여 중단 이후부턴 설사면 및 믹스지대로 이어진다. 그리고 가장 왼편에 위치한 꼰따민-그리졸(Contamine-Grisolle) 루트가 있는데, 모두 부담 없이 알파인등반을 즐길 수 있는 루트들이다.

 그 외에도 저면 걸리(German Gully, II/4급) 등 각 루트 좌우측의 믹스 루트들은 그날의 상황에 맞게 등반을 즐길 수 있는 대상이다. 탈출이 용이하기 때문인데 쉐르 루트에 하강 포인트가 잘 설치되어 있다.

147

꼰따민-그리졸
(Contamine-Grisolle, II/AD)

꼰따민-그리졸 루트 하단부를 오르는
등반자 뒤로 저멀리 제앙 빙하와
당 뒤 제앙이 보인다.
그 너머는 이태리다.

하단 설사면을 오르는 임덕용, 남동건 선배.
모두 유럽에 살기에 종종 함께 등반한다.

발레 브랑쉬 설원 너머로 몽블랑 산군의
북동쪽 파노라마가 펼쳐져 있다.

꼰따민-그리졸(Contamine-Grisolle) 루트 중단
믹스지대를 오르는 임덕용 선배. 슬링을 암각에
걸어 자일을 통과시키며 오르는 구간이 많다.

1. 꼰따민-그리졸(Contamine-Grisolle, II/AD)
2. 꼰따민-마죠(Contamine-Mazeaud, II/AD+) 3. 저먼 걸리(German Gully, II/4)
4. 아사생(Assassin, II/4)   5. 쉐르(Chere, II/4)

꼰따민-그리죨 루트 상단부에서.
저멀리 당 뒤 제앙과 그랑 죠라스,
마터호른까지 보인다.

조심하고 또 조심하라.
한 알피니스트의 그 긴 인생에서도 그를 죽음에
이르게 한 데는 단 한 순간만으로 족했다.

-J. Pecoste-

갑자기 날씨가 나빠져 꼰따민-그리졸 루트 정상 설사면을 힘겹게 오르고 있다.

샤모니 시립병원 의사 필립이 부인과 함께 삼각북벽 꼭대기에서
타퀼 정상으로 이어지는 능선사면을 오르고 있다.
뒤로 보송빙하가 흘러내리고 샤모니 계곡이 내려다 보인다.

꼰따민-마죠
(Contamine-Mazeaud, II/AD+)

꼰따민-마죠 루트는
여름이나 겨울 어느 때든 즐겁게 등반할 수 있다.

중단부에서 심설을 헤쳐 오르는 민경원씨 너머 저멀리 드류와 에귀 베르트 등이 보인다.

꼰따민-마죠 루트는 상단에서, 하강 포인트가 잘 구비된
쉐르 루트로 횡단할 수 있다. 사진은 겨울 등반에서.

저먼 걸리 중단에는 좁은 빙벽이 여러 갈래 있다.

저먼 걸리 (German Gully, II/4)

저먼 걸리 주변에는 여러 갈래의 빙벽과 바위 크랙들이 있어 믹스등반을 즐기기 좋다.
내가 삼각북벽에서 가장 좋아하는 곳이다.
자신의 등반력에 맞춰 자신이 선택한 등반선을 따라 오르는 즐거움이 이곳에 있다.
아이스 하켄 몇 개와 한 조의 캠이면 등반이 가능하다.

임덕용 선배와 나현숙 후배가 저먼 걸리의
여러 구간에서 즐겁게 믹스 등반을 즐기고 있다.

저먼 걸리 상단의 좁은 빙벽선을
따라 오르는 김동애씨.

저먼 걸리 좌측의 한 구간에서
드라이툴링으로 바위를 오르는 이주남씨.

북벽의 그림자가 설원에 드리워져 있다.

아사생 (Assassin, II/4)

7~8년 전 겨울에 이 루트를 줄리앙과 함께 올랐다. 몹시 추웠다는 기억만 있다. 지금은 당시에 비해 바위들 사이에 눈이나 얼음이 상당히 적은 편이다. 지구온난화의 영향 때문인데, 알프스 북벽의 몇몇 빙벽루트에서도 얼음이 끊겨 있는 경우가 많아 캠 등 암벽용 확보물을 준비해 가야 한다.

쉐르 루트 (Chere, II/4)

이 루트는 삼각북벽에서 가장 인기있는 루트다.
북벽 우측 아래에서 위로 곧장 빙벽이 뻗어있으며 다른 곳에 비해 폭 또한 넓다. 확보물도 잘 설치되어 있으며 하강지점이 60미터씩 잘 정비되어 있다.

두번째 피치를 오르는 오호근씨와
확보중인 임덕용 선배.

도중에 나타나는 믹스구간을 오르는 오호근씨.

네번째 피치를 오르는 임덕용 선배.
빙질이 좋은 편이다.

빙질이 좋아 자신의 페이스에
맞춰 즐겁게 오를 수 있다.

상단 피치를 오르는 현지 산악가이드.

분설 폭포 속에서 하강하고 있는 임 선배.

쉐르 루트는 하강 포인트가 잘 구비되어 있어
다른 루트를 등반하면서도 날씨가 나빠지면
이 루트로 하강할 수 있다.
하지만 눈이 많이 내릴 때는 사진에서처럼
분설이 폭포를 이룬다.

타퀼 삼각북벽은 접근이 용이할 뿐 아니라 빙벽 및 믹스 등반선이 많으며 등반 후의 하산 및 하강 조건이 좋아 연중 많은 산악인들이 찾고 있다.
정상까지의 표고차는 500미터가 넘지만 실제적인 벽등반 높이는 350미터이기에 당일 등반에 좋다. 벽 정상에서 타퀼 정상까지 설능을 따라 약 한 시간이면 오를 수 있으며, 대부분의 산악인은 정상까지 가지 않고 오른편의 북사면으로 횡단해 내려온다.
많은 눈이 내려 북사면의 하산길에 눈사태의 위험이 있을 시에는 벽상단부에서 쉐르 루트 쪽으로 자일하강을 하면 된다. 삼각형 모양의 벽 최상단부의 오른쪽 측면을 살피면 하강할 수 있는 지점을 찾을 수 있다. 세 번 자일하강을 하면 하강지점이 잘 완비되어 있는 쉐르 루트 상단에 닿는다.

삼각북벽 및 발레 브랑쉬 주변 벽들은 11월 중순부터 약 한달 간 에귀 뒤 미디 케이블카가 운행하지 않는 시기 외에는 아침 첫 케이블카를 타고 등반하고 충분히 그날 오후에 샤모니로 하산할 수 있다. 여름철 첫 케이블카는 6시 30분, 겨울철 첫 케이블카는 8시 10분에 있다.

한편 잠자리는 설원 위에 위치한 코스믹 산장(전화 04 50 54 40 16)을 이용할 수 있다. 2월 15일부터 10월 15일까지 문을 열며, 그 외 시기에는 산악인을 위해 코스믹 리지 시작지점에 위치한 작은 윈터룸을 개방한다. 여름철에는 산장 아래의 드넓은 설원이나 몽블랑 뒤 타퀼 동벽이 건너다보이는 눈밭에서 캠핑을 해도 된다.

코스믹 산장 아래 설원에서 본 삼각북벽 및 타퀼 정상.
여름이면 이곳에 많은 텐트들이 들어선다.

4. 프앙트 라쉬날
Pointe Lachenal (3,613m)

남벽을 배경으로 설원을 가로지르는 산악인들.

1950년 인류 최초로 8,000미터 급 한 봉우리를 오른 알피니스트들이 있었다. 바로 모리스 에르조그와 루이 라쉬날이다.
하지만 그들 영광의 뒤안길에는 엄청난 고통이 따랐다. 극심한 동상 때문이었다. 두 사람 다 손과 발가락 거의 전부를 절단해야 했다. 그리고 다섯 차례나 고통스런 수술을 받고서야 다시 산의 세계에 마음 편히 발을 드려놓을 수 있었던 이는 다름 아닌 라쉬날이었다.
초등정의 영예와 혜택이 상대적으로 에르조그에게 편중된 데다 등정의혹까지 불거진 상황에서 라쉬날이 힘겨워했을 심정은 누구도 헤아리기 힘들었을 것이다. 자신의 고향 바로 이 몽블랑 산군만은 그를 넉넉히 받아드렸을 것이며 그는 이곳의 만년설산을 마음 편히 찾았을 것이다.
그러나 운명의 장난처럼 그는 바로 이곳 발레 브랑쉬 설원의 크레바스에서 생을 마감하고 말았다. 때는 1955년 11월이었다. 그의 떠남을 아쉬워한 많은 사람들은 그를 기리기 위해 바로 이 발레 브랑쉬 설원을 굽어보는 작은 봉우리에 그의 이름을 붙였다. 프앙트 라쉬날이다.

펠리시에 걸리
(Pellissier Gully, 220m/M5+/5c)

걸리 하단에 스키를 벗어두고 등반에
나선 산악인들의 발자국이 보인다.

동반을 준비하고 있는 스웨덴 친구들.

등반은 초입 설벽을 오른 다음, 빙벽이 이어지고서 차츰 믹스구간이 많아진다. 상단부에서는 암벽을 올라야 한다. 캠 등 확보물이 필요하다.

다섯 번째 피치인 마지막 구간을 오르는
조나단 뒤로 루트가 내려다보인다.

마지막 피치에 오르는 조나단을 확보하고 있는 마르크스. 저 멀리 투르 롱드가 보인다.

두 시간만에 마련한 얼음궁전 내부.
침상까지 갖췄다. 겨울산행의
묘미 중하나다.

북면 리지 횡단은 왼편으로 접근해
오른편으로 내려오는 게 좋다.

자연은 생명이고 생명은 변화한다. 변화는 변화하지 않는 것들과의 균형이다.
등반자는 자신의 흔적을 남기며 설원을 걷고 있다. 미지의 변화를 위해 나아간다. 왼발이 나아가기 위해 오른발은 땅에 닿아 있어야 한다. 어떤 이는 외발로 뛰면 되지 않냐고 한다. 단단한 바닥에서야 가능하겠지만 인간사처럼 질펀하고 불규칙한 눈밭에서는 한 발짝도 깨금발하기 힘들다.
날로 변화가 심해진다는 요즘. 옳게 변화하는 게 중요하다.
변하지 않는 것들을 접할 기회가 줄어드는 현실에서 늘 그 자리에 있는 산이 좋은 이유다.

몽블랑 뒤 타퀼의 큰 덩치가 북동쪽으로 슬쩍 한발을 내민 듯 외따로 떨어진 이 봉우리는 설원에서 접근하는 북면은 그다지 위용을 자랑하지 않지만 남면은 200미터 이상의 화강암벽과 빙벽들을 거느리고 있어 많은 등반선을 제공한다.
접근이 용이해 나는 이곳을 수시로 찾는데, 알파인 등반 초급자와는 북면으로 올라 능선을 횡단하는 재미가 있고 경험자와는 남면의 암벽과 빙벽을 즐겨 등반한다. 거벽이 아니기에 어느 루트나 시간적인 여유를 가지고 즐겁게 오를 수 있는 대상지이다.

북면 – 프앙트 라쉬날

콜 뒤 미디의 설원을 지나는 두 등반자
너머로 보이는 프앙트 라쉬날.

2봉과 3봉 사이의 설릉을 지나고 있는 둘 뒤로 발레 브랑쉬 설원과 저 멀리 에귀 베르트와 그랑 죠라스 등이 보인다.

설릉을 지나고 있는 마르크스 뒤로 라쉬날이
생을 마감한 발레 브랑쉬 설원이 펼쳐져 있다.

두 번째 봉우리 정상부에 다다르고 있는 조나단과 마르크스.

한 해 겨울에는 반대편으로 능선을 횡단했다. 3봉 정상으로 향하는 민경원씨 너머로 파노라마가 펼쳐져 있다.

5. 피라미드 뒤 타쿨

Pyramide du Tacul (3,468m)

피라미드 뒤 타퀼 앞을 지나는 산악인들. 에귀 뒤 미디에서 헬브로너 쪽으로 설원을 가로지르면 늘 이쪽으로 가게 된다.

병풍처럼 펼쳐진 몽블랑 뒤 타퀼(4,248m)의 거대한 동벽 왼편 아래에 아담한 한 봉우리가 있다. 어느 방향에서 보나 좌우 바위벽이 정상을 향해 삼각형의 형상을 이루고 있는 산이다. 높이가 3,500미터가 채 되지 않는 이 봉우리는 피라미드 뒤 타퀼(Pyramide du Tacul 3,468m)이다.

바로 뒤에 솟은 몽블랑 뒤 타퀼에 비하면 분명 거벽 등반대상지가 아니다. 하지만 상대적으로 접근이 쉽고 벽높이가 250미터 밖에 되지 않으며 등반난이도가 어렵지 않을뿐더러 주변 풍광 또한 빼어나 알피니스트들이 즐겨 찾는 봉우리다. 2008년 여름에 나는 이 봉우리를 두 번 올랐다. 동릉을 오르고 한 달 후, 북동벽을 통해 정상에 섰다. 둘 다 한나절의 멋진 등반이었다.

발레 브랑쉬 설원을 가로질러 북동벽 아래로 접근하고 있는 후배 나현숙과 임덕용 선배.
뒤로 저멀리 에귀 베르트에서부터 드로와트 등 몽블랑 산군의 동쪽 파노라마가 펼쳐져 있다.

북동벽 첫 피치.
낙석의 위험이 있다.

북동벽 - 피라미드 뒤 타퀼
암빙설의 묘미를 만끽할 수 있는 믹스 등반 코스

몽블랑 뒤 타퀼을 배경으로
세번째 피치를 오르는 모습.

네번째 피치. 여기서부터 암벽등반이 시작된다.

아이젠을 신고 크랙을 오르는 즐거움도 크다.

화강암 바위벽을 아이젠을 신은 채 오르고 있다. 크랙이 잘 발달되어 있어 등반은 어렵지 않다.

선등하는 임 선배 뒤로 저멀리 타킬 동벽 위로 구름이 빠르게 흐르고 있다.

휴식. 주변을 둘러보며 먹는 즐거움이 크다.

오랫동안 등반활동을 했다면 새로운 루트를 개척하면서 그 분야에 대한 자신의 생각들을 실현시키고 싶어 하는 수준에 이르게 된다. 어려운 한 루트를 개척한다는 것은 도전이다. 그것은 자기 스스로 모든 것을 해야 하기 때문이다. 정신적, 육체적 조화를 익혀야 하고, 오랫동안 그 길에서 동행할 사람이 아무도 없기에 단념할지도 모른다. 자신이 무언가에 더 많은 노력을 기울이면, 그것을 성취했을 때는 그만큼 더 만족스럽다는 것은 자연스러운 이치다. 등반선, 난이도, 확보상태, 심지어 그 루트에 대한 모든 감정들을 표현하는 이름 등으로 구성된 자신만의 창조물은 특별하고도 독특한 특성을 지니고 있다. 등반이 예술이면, 창조성은 그것의 주요 성분이다.

-볼프강 퀄리히-

정상부에서 동릉과 만나 여기서
한 피치만 더 오르면 정상이다.

정상에 선 임선배와 나현숙.
좌측 삼각바위가 정상의 정점이다.

정상 아래 한 피치 전 구간을 오르는 일행 뒤로 저멀리 프앙트 라쉬날이 보인다.

북동벽의 루트 이름은 세 누보(C'est Nouveau)로서 1990년 8월에 잭 올리비에 일행이 초등했다. 등반높이 200미터, 난이도 II/D/5a급으로서 부담없이 알파인 등반을 즐길 수 있다. 접근은 피라미드 뒤 타퀼 정면벽 오른편의 설사면을 따라 오른다.
출발지점은 북벽이다. 약 60도의 60미터 너덜 바위벽을 올라 좌측 대각선으로 돌아 오르면 된다.
정상부에서 동릉과 만나게 되면 하강은 정상 바로 뒤편 바위면에 설치된 하강슬링에서 북면으로 60미터씩 자일하강을 네 번 하면 출발지점으로 내려올 수 있다.

동양의 종교적 철학적 전통들은 '그 길'이라 불리는 아주 명확하고도 적절한 개념을 창조해냈다. '그 길'은 식사나 싸우는 방식, 그리고 적절한 중재와 호흡 등과 같은 그런 실질적 일상생활의 다양한 면들을 지배하는 기술적인 지침들을 가진 한 체제와 윤리적인 양식에 의해 규정된 삶과 행동의 특별한 방식을 의미한다.

 '그 길'의 법도를 지킴으로 인해 보다 높은 수준의 지혜를 얻는다거나 결의가 굳은 요기과 승려들의 경우, 주변세계와 인간본연의 마지막 통찰을 얻는데 도움이 되는 것 같다.

감히 나는, 등산이 가지고 있는 놀랄만한 성질의 이유로 인해, 아마도 등산이 육체적 정신적 성장의 한 귀중한 방도가 될 것이라 확신한다. '그 길'의 전통을 언급하면서 나는 이 방도를 '산의 길'이라 부르고 싶다.

-보이택 쿠르티카-

동릉 – 피라미드 뒤 타걸
암벽등반을 즐기며 오르는
아름다운 능선

동릉 루트는 남면으로 접근해 오른편 능선에 올라선다. 바위 아래에 등반을 준비하는 이들도 보이며, 배낭을 두고 오르는 경우도 많다.

첫 피치는 군데군데 눈이 있으며, 홀드가 커 쉽다.

세번째 피치의 30미터 크랙을 오르는 후배 뒤로 이태리 산악가이드가 장비를 준비하고 있으며, 그 아래 손님 둘이 참새처럼 앉아 있다.

이 날은 7월인데도 몹시 춥고 바람이 심했다. 바람에 자일이 날릴 정도였다. 하여 4,000미터 이상 오르는 대신 이렇게 접근이 쉬운 봉우리로 여러 팀들이 몰렸다.

하단부의 크랙을 오르는 이태리 산악가이드.
비브람 등산화를 신고 오르던 그는 곧 암벽화로 갈아 신었다.

동릉에는 두세 갈래의 길이 있다.
이 팀은 우리가 오른 크랙 왼편으로 올랐다.

정상으로 이어지는 바위통로.
영국산악인이다.

유쾌한 이태리 양반. 그에게 사진을 전해주겠다고 약속했지만 정상에서 만나지 못해 연락처를 받지 못했다. 아쉬운 인연이었다.

정상 세 피치 아래 지점을 오르는 영국산악인.
오른편 뒤는 몽블랑 뒤 타귈이다.

동릉에서 우측으로 돌아 페이스로
오르는 후배 뒤로 설원과 세락이 보인다.

후등자 뒤로 북동벽 루트 일부가 내려다보인다. 이 지점 아래에서 북동릉 루트와 만난다.

정상에 도착하고 있는 후배 뒤로 저멀리 왼편 드류와 에귀 베르트에서부터 당 뒤 제앙이 보인다.

정상에서 남면으로 하강하기 위해서는 한 피치 클라이밍 다운을 해야 한다.

영국산악인 둘이 정상 한 피치
아래에서 하강준비를 하고 있다.
구름이 몰려오는 가운데 우리도
남측으로 하강자일을 던졌다.

동릉은 1940년 7월 29일 그리벨 일행이 초등했다. 등반높이 250미터, 난이도 D급으로서 에귀 뒤 미디 및 헬브로너 전망대에서 접근하는데 약 40분 소요된다.

등반은 서너 시간 걸리며, 하강은 한 시간 반 소요된다. 등반장비는 자일 두 동과 캠 한 조, 슬링 몇 개면 된다. 정상에서의 자일하강은 뒤편 몽블랑 뒤 타퀼 쪽으로 할 수도 있으며 남면으로 하면 된다. 모두 하강 포인트가 잘 설치되어 있다. 여름철 날씨가 좋지 않을 때에 부담없이 등반을 즐길 수 있는 대상지다.

남면에서는 60미터 자일 두동을
연결해 네번 하강해야 한다.
자일 하나로 30미터씩 하강하는
영국인이 부탁해 우리는 함께 내려왔다.

6. 투르 롱드
Tour Ronde (3,792m)

제앙 빙하에 우뚝 솟은 투르 롱드

큰 산과 강들은 자연스럽게 인간생활의 영역을 구분시켜 주는데, 몽블랑 산군 또한 유럽의 세 나라를 갈라놓고 있다. 알프스의 최고봉 몽블랑은 이태리와 프랑스를 남과 북으로 떼어놓는데, 몽블랑에서 시작한 3,000미터 이상의 만년설 능선이 그랑 죠라스 너머까지 이어지며 국경선을 이루고 있다.

그 한가운데 우뚝 솟은 아담한 봉우리가 하나 있다. 두 나라의 국경선상에 위치한 이 아름다운 봉우리는 투르 롱드로서 정상에서 지켜보는 몽블랑 산군의 아름다움은 다른 어느 봉우리에서보다 빼어나다. 접근이 쉽고 등반의 어려움이 상대적으로 덜해 알파인 등반의 초심자뿐 아니라 경험자들도 즐겨 오르고 있다.

이제껏 나는 이 봉우리를 일곱 번 올랐다.
북벽에서 두 루트를 한번씩, 서쪽에 위치한 제르바슈티 쿨와르를 두 번, 정상에 오르는 가장 일반루트인 남동쪽에서 한번, 그리고 남동 리지로 한번 올랐다.
하여 몽블랑 산군에 위치한 어떠한 봉우리들보다 더 잘 알고 있다고 할 수 있다. 특히 겨울철에 스키를 타고 발레 브랑쉬 설원을 내려올 때면 설원 저 멀리 남쪽에 우뚝 솟은 투르 롱드의 당당한 모습은, 4,000미터가 되지 않는 봉우리의 북벽이지만 그 위압감은 알피니스트의 마음을 끌기에 충분하다.

타퀼

에귀 뒤 미디

정상

정상

에귀 뒤 미디 전망대에서 스키를 이용,
투르 롱드에 접근하면 편하다.
도보로는 2시간 이상 걸리지만
30분이면 가능하다.

북벽

제르바슈티 쿨와르

스키를 메고 제르바슈티 쿨와르 하단부를 오르는 임덕용 선배

몽블랑

서쪽 면에 위치한 제르바슈티 쿨와르는 1930년대 전후에 몽블랑 산군에서 뛰어난 등반활동을 한 제르바슈티가 초등한 루트다.
이제껏 이 루트를 두 번 등반했는데, 모두 겨울철에 올랐다. 한번은 원대식 씨와 그리고 또 한 번은 임덕용 선배와 등반했다. 처음엔 북벽 아래의 빙하에 형성된 크레바스에서 비박하며 이틀에 걸쳐 올랐으며 다음엔 스키를 이용, 하루만에 접근해 배낭에 스키를 메고 산을 넘어 내려왔다.

제르바슈티 쿨와르는 350미터 높이의 AD급 알파인 등반루트로서 알파인 등반 초심자들도 즐기며 오를 수 있다.

몽블랑 뒤 타귈

쿨와르에서 벗어나 정상 능선으로 오르는 임선배.

북벽 - 투르 롱드

이제껏 나는 북벽으로 세번 올랐다. 북벽의 두 루트는 현지 산악인 줄리앙과 올랐는데, 두 번 다 봄철이었다. 스키를 이용하여 북벽 아래에 접근해 등반 후 샤모니까지 줄곧 스키 활강을 해 내려왔다.
빙하에 눈이 많은 겨울 및 봄철에는 스키를 이용하면 여름철에 이삼일 걸리는 산행도 하루 만에 다녀올 수 있다.
그 후 대만 산악인 셋과 여름에 북벽을 올랐다.
북벽 고전루트나 바로 오른편의 Crampon Fute 루트는 등반 난이도 II/D급(350m)이라 어렵지 않다. 기존확보물이 많지 않아 자기확보에 신경써야 한다.

북벽 하단부를 오르는 현지 산악인 줄리앙.
뒤로 제앙 빙하가 내려다 보인다.

북벽 상단부를 오르는 줄리앙 뒤로
북벽의 그림자가 드리워져 있다.

모든 등반가들은 자신들의 첫 몇몇 등반들의 산물이다.

-Yvon Chouinard-

산악스키화가 알파인 빙벽등반에 무겁긴 하지만 발목이 고정되기에 익숙해지면 좋은 점도 있다.

정상 아래를 등반하는 줄리앙 너머로 브렌바 빙하가 흐르고 있으며, 그 윗 봉우리는 에귀 블랑쉬 드 페터레이(4,112m)이다.

남쪽 이태리의 산악마을
쿠르마이어를 굽어보는
성모 마리아상 아래 사물함에는
등정을 기록해두는 공책이 있다.
뒤로 몽블랑 및 몽모디가
펼쳐져 있는 이 산정은 알프스의
고전적 운치를 느껴볼 수 있는
장소이다.

이제까지보다 한 단계 더 높은 수준의 등반을 위해서는 현재의 규범과 형식들을 무시해야 한다. 아니면 아마도 아직까지는 더 나은 방법인, 여전히 자신이 단지 모호한 판단기준으로만 볼 수 있는 그다지 중요치 않은 관념 속으로 그것들을 내던져 버려라.
이것은 모든 규범들이 낡았음을 의미하는 것이 아니라 자신이 모험과 긴장의 필요수준을 보장하기 위해 훨씬 더 치밀한 행동양식을 채택해야 함을 의미한다.

-패터 크로프트-

남동릉 - 투르 롱드

제앙 빙하의 세락 지대 위로 솟은 투르 롱드

헬브로너 전망대에서 투르 롱드에 접근하기 위해 제앙 빙하 상단을 가로지르는 일행.

당 뒤 제앙 그랑 죠라스

정상에서 남동쪽으로 이태리의 앙 트레브 고개까지 뻗어 내린 암빙설의 능선이 남동 리지이다. 이태리의 산악도시 쿠르마이어 계곡을 아래에 두고 알파인 리지 등반을 즐길 수 있는 대상지로서 국경에 위치한 헬브로너 전망대에서 접근이 쉽고 등반의 어려움이 상대적으로 덜해 알파인 등반의 초심자뿐 아니라 경험자들도 즐겨 오르는 리지다.
나는 몇 년 전 여름에 한국서 온 두 지인(이종덕, 이혜진 씨)과 올랐다. 좌우로 펼쳐진 경치가 일품인데, 몽블랑 동벽쪽의 풍광이 압권이다.

남동 리지 초입을 오르는 일행 뒤로
당 뒤 제앙과 그랑 죠라스가 보인다.
저멀리 마터호른과 몬테로자가 자그마하게 눈에 들어온다.

남동 리지에 올라서고 있는 자일파티

등반자 뒤로 이태리의 쿠르마이어 계곡이 내려다 보인다.

등반은 다른 모든 것들보다 선행한다.
혼자 등반함으로써 새로운 즐거움을 찾는다.
자신의 힘만으로 등반한다는 건 매우 중요하다.
그렇게 한다면 그의 등반열정과 동기가 다른 사람들보다 그를 좀 더 빠르게 이끌어 줄 것이다.
여전히 견뎌내기 쉽지 않은 어려운 시기가 있음은 사실이다. 유명세를 얻게 된 내 위치가 질투와 험담을 야기 시키지만, 심지어 상황이 보다 더 나빠지는 것같이 보일지라도 나는 그러한 것들을 의식하지 않으려 노력한다.
언젠가 내가 충분히 등반을 많이 한 후, 다시 물리치료사로서의 직업생활을 시작하면 도대체 그런 일들이 무슨 문제가 되겠는가? 그러나 모든 일들이 잘 되어 가고 있으며, 난 삶을 열정적으로 살고 있다.
등산에는 엄청난 즐거움이 있다.
모든 것들을 돌봐준다.

-카트린 데스티벨-

한해 여름에는 혼자 노멀 루트로 올라 정상부에서 비박하며 멋진 일출장면을 지켜본 추억이 있다. 마침 두 산악인이 아침 해를 등지고 칼날 능선을 오르는 장면은 지금도 잊을 수가 없다.
이렇듯 투르 롱드는 나에게는 알프스의 명봉으로서 손색이 없는 봉우리다. 언제든 오르고픈 산정이다. 4,000미터가 되지 않는 산정이지만 사방으로 펼쳐진 풍광은 이루 말할 수 없을 정도며 쿠르마이어를 굽어보며 서 있는 성모 마리아상은 알피니스트의 마음을 숙연하게 만들어주는 배움과 사색의 장소이기도 하다.

비교적 쉬운 등급(II/AD급)의 남동리지에는 이렇게 아이젠을 신은채 암벽을 오르는 구간도 있다.
하산로로 이용하는 클래식 루트가 한여름에 낙석이 심할시에 이 리지를 많이 이용한다.

설사면을 횡단할 때는 암각에 슬링을 걸어 확보하면서 안전에 유의해야 한다.

저멀리 에귀 누와르 드 페터레이가 보인다.

금강산도 식후경.
주변을 둘러보는 즐거움이
배가 된다.

남동 리지 상단 동면에는 일반적으로
이용하는 하산루트가 있다.
3피치 정도는 자일하강을 해야 한다.
한여름에는 낙석이 심하다.

북면의 다소 어려운 몇몇 루트를 제외하고선 그다지 어렵지 않는 루트들이 많은 투르 롱드는 알파인 등반 초중급자들에게 인기 있는 대상지다. 헬브로너 전망대에서 한 시간이면 접근할 수 있다.
겨울철에는 스키를 이용해 등반 후, 발레 브랑쉬 계곡으로 내려가면 당일 등반이 가능하다. 여름철에 파노라마 횡단 곤도라를 이용하면 도보로도 하루 만에 등반이 가능하다.
주변 산장은 헬브로너 아래에 위치한 토리노 산장 혹은 에귀 뒤 미디 아래의 코스믹 산장이다. 여름철에는 제앙 빙하 상단에서 캠핑을 해도 된다.

샤모니 행 마지막 몽블랑 횡단 곤도라를 타기 위해 헬브로너로 돌아오고 있는 일행.
뒤로 그랑 카프생과 타퀼이 보인다.

7. 에귀 당트레브
Aiguille d' Entreves (3,600m)

등반 초입의 북사면을 오르는 민경원씨 뒤로
저 멀리 당 뒤 제앙과 그랑 죠라스가 보인다.

요즘은 알프스 산맥을 넘나들기 위해 도로나 케이블카, 터널, 심지어 비행기 등의 편리한 교통수단을 이용한다. 하지만 수 백 년 전까지만 해도 빙하에 악마가 산다고 여겨 옛날에는 알프스를 넘는다는 건 대단한 모험이 아닐 수 없었을 것이다. 인간 활동의 영역을 무엇보다 확연히 구분시켜준 것은 다름 아닌 눈 덮인 산맥이리라. 이곳 몽블랑 산군 또한 세 나라 즉, 프랑스 스위스 이태리를 갈라놓고 있다.

이 중 알프스의 최고봉 몽블랑에서 시작한 3,000미터 이상의 만년설 능선은 그랑 죠라스 너머 이 산군의 동쪽 끄트머리에 위치한 3개국 봉인 몽돌랑까지 동서로 길게 프랑스와 이태리의 국경을 이루며 뻗어 있다. 바로 이 국경 능선 한 가운데에 솟은 암릉이 있다.

에귀 당트레브(Aig. d'Entreves 3,600m)이다.

이태리 산악도시 쿠르마이어 계곡과 프랑스의 샤모니 계곡으로 흘러내리는 빙하들을 발아래에 두고 알파인 리지 등반을 즐길 수 있는 대상지로 제격이다. 접근이 쉽고 등반의 어려움이 상대적으로 덜해 알파인 등반의 초심자뿐 아니라 경험자도 즐겨 오르는 대상지이다.

북동 리지 초입은 쉬운 너덜바위지대로 이어져 있다.

이태리 산악인 셋이 제앙 빙하의 크레바스 지대를 배경으로 하산하고 있다.

이 크랙을 올라서면 정상이다.
저 멀리 몽블랑의 동면이 보인다.

프랑스와 이태리의 국경 능선에 위치한 3,600미터 높이의 에귀 당트레브에 접근하기 위해 가장 빠른 방법은 헬브로너 전망대를 이용하면 된다. 프랑스의 샤모니에선 에귀 뒤 미디 전망대에서 몽블랑 횡단 파노라마 곤도라를 이용하면 되고 이태리의 쿠르마이어에선 헬브로너행 케이블카를 이용하면 된다. 헬브로너 전망대에서 에귀 당트레브까지는 북동 리지와 남서 리지에 따라 약간의 차이는 있지만 한 시간 전후면 닿을 수 있다. 에귀 뒤 미디 설원의 캠프지에서 출발해 당일로도 등반이 가능하다. 이 경우 이른 아침에 출발해야 한다.

등반은 주로 횡단등반을 하는데, 남서 리지로 올라 북동 리지로 하산하는 경우가 많다. 남동 리지는 1913년 7월 22일에 루드빅 엔젠호퍼 일행이 초등했으며, 북동 리지는 1897년 8월 31일에 아돌프 헤스 일행이 초등했다. 두 리지 모두 난이도 I/PD급의 알파인 등반 초급 및 중급자에게 권할만한 코스이다. 하지만 등반사고는 이런 쉬운 알파인 리지 등반에서 더 쉽게 발생할 가능성이 높기에 리지 횡단 중 확보물 설치를 충분히 하는 게 바람직하다.

후등자 뒤로 몽블랑 산군의 남동쪽 전경이
펼쳐져 있다. 드류와 에귀 베르트에서부터
당 뒤 제앙과 그랑 죠라스까지 보인다.

반대편에서 정상에 오르고 있는 영국산악인 셋. 가이드가 확보보는 지점이 정상이다.

남서릉은 북동릉에 비해 미적 아름다움이 있다.

하늘로 날개를 펼치듯 솟은 바위 뒤로
드류에서부터 그랑죠라스까지 몽블랑
산군의 남동 구역이 펼쳐져 있다.

이태리의 발 베니 계곡에 솟은 몽블랑의 페터레이 능선을 배경으로 남서능 등반을 끝내고 앙트레브 고개에 내려서고 있다.

남서릉에서는 이렇게 조심해서 건너는 구간이 많다.

제앙 빙하 너머 국경선을 이루는 봉우리들. 중앙이 앙트레브이며, 오른편은 투르 롱드이다.

8.코스믹 리지

Arete des Cosmiques (II/AD/4a/200m)

산장 앞 리지   코스믹 산장   동계산장

몽블랑 산군에서 코스믹 리지처럼 인기 있는
알파인 루트도 없을 것이다.
설원에서 시작해 전망대로 이어져 접근이
용이할뿐 아니라 등반중에 마주하는 풍광
또한 빼어나 많은 이들이 즐겨찾는 알파인
고전루트이다.

발레 브랑쉬 설원을 거슬러 오르는 산악인들.

코스믹 리지

동계산장

옛 코스믹 산장으로 향하던 중,
뒤로 에귀 뒤 미디 남벽이 오른편에
솟아 있고 코스믹 리지는 왼편
아래에서 시작된다.

보송빙하를 배경으로
코스믹 리지 초입을 오르고 있다.

리지 중단부를 오르는 이들 뒤로 저멀리 몽모디와 몽블랑이 보인다.

코스믹 리지에서는 자일하강을
두번 하는 등 오르내리는 구간이 많다.

보송빙하를 배경으로
믹스구간을 오르는 민경원씨.

확보자 뒤편 바위탑에는 십여년전 개척당시 알파인 지대에서 가장 어려운 하드프리 루트(5.13급)가 개척되어 있다.

리지 마지막 두번째 피치의
믹스구간을 오르는 민경원씨
뒤로 우리가 오른 길이 보인다.
특히 겨울에 오르는 즐거움이 크다.

코스믹 윈터룸.
리지 시작지점에 위치한 윈터룸은 대부분의
산장과 마찬가지로 겨울에는 알피니스트를 위해
무료로 개방해 둔다.
하지만 산장내부가 영하 15도까지 내려가기
때문에 충분한 준비가 필요하다.
이 산장을 기점으로 설원 주변의 여러 벽들을
올라볼만 하다.

산장 창으로 내다본 설원.
이태리 국경쪽에서
아침해가 뜨고 있다.

코스믹 윈터룸에서 맞이하는 일출장면.
왼편 그랑 조라스와 당 뒤 제앙,
그리고 국경능선이 보인다.

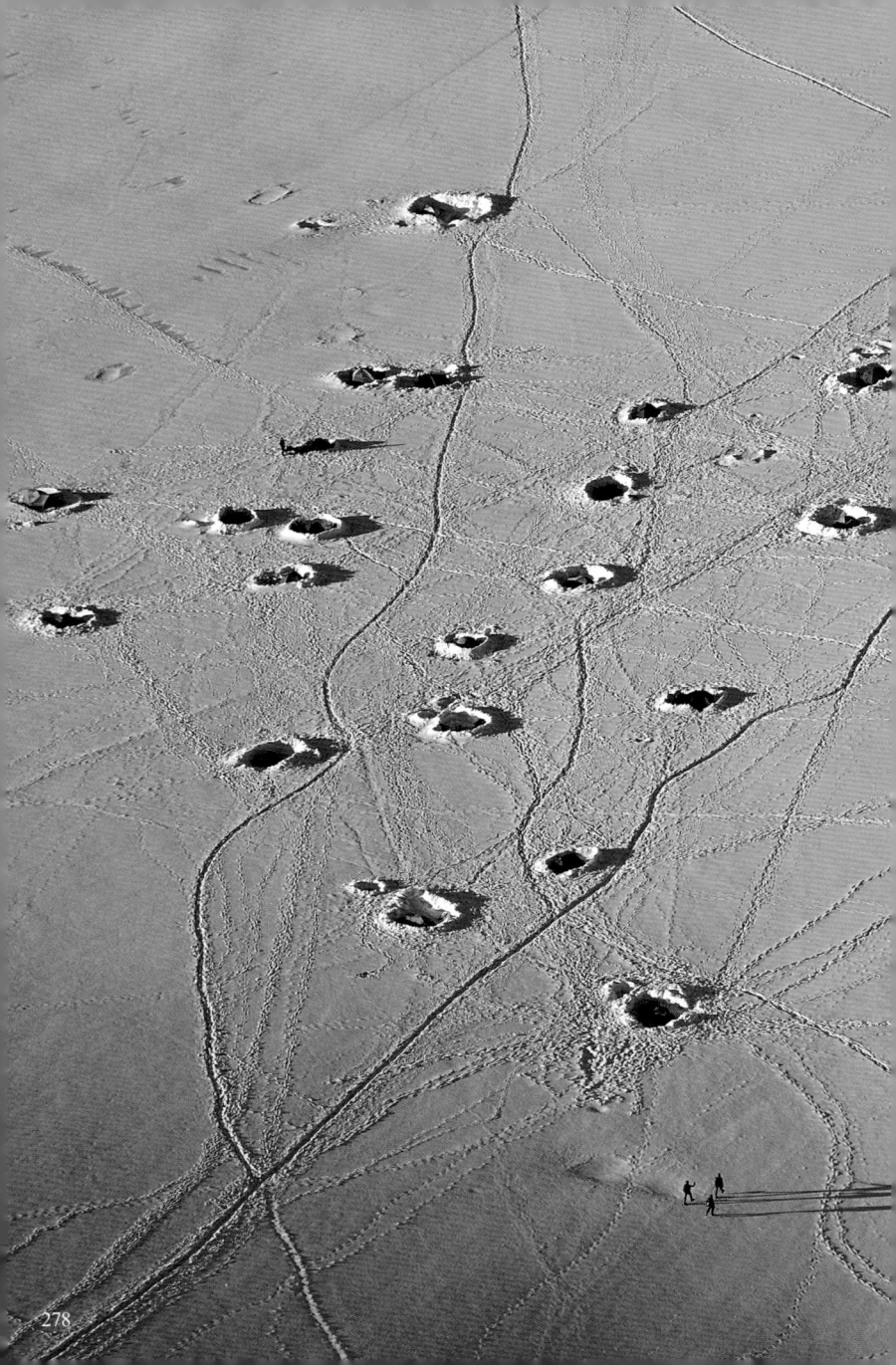

코스믹 리지에서 내려다본 설원의 여름철 풍경. 날씨가 좋으면 형형색색의 텐트들이 하얀면에 점들을 찍어놓으며, 많은 이들의 발걸음이 자연스런 동선들을 그려놓는다. 다음 눈이 내리면 사라질 풍경이다.

리지 마지막 구간을 오르는
이들 너머로 타퀄 북면과
몽모디, 몽블랑이 보인다.

화창한 여름 한날 세락을 배경으로 포즈를 취한 줄리앙.

북서벽 파사렐 루트 - 코스믹 리지

전망대 브리지에서의 하강은
엄청난 고도감을 안겨준다.

굴로트 더 라 파사렐(Goulotte de la Passerelle) 루트의 등반 난이도는 D급으로서 그다지 어려운 루트가 아니라 알파인 등반 초중급자들도 즐겁게 등반할 수 있는 대상지이다. 등반 시간은 약 5시간 소요된다.

에귀 뒤 미디 전망대 브리지에서 60미터 자일로 다섯 번 하강 후 코스믹 리지 쪽으로 형성되어 있는 왼편 빙벽으로 접근한다. 등반은 총 다섯 피치 되며 첫 두 피치는 믹스 구간이고 나머지 세 피치가 빙벽이다.

눈이 덮인 마지막 얼음통로를 오르면 코스믹 리지 중앙부에 이른다. 여기서 약 한 시간 이상 코스믹 리지를 따라 오르면 에귀 뒤 미디 전망대의 남쪽 통로가 나타난다.

하루 등반코스로 제격이며, 여름철에는 낙석의 위험에 주의해야 한다. 혹 등반시간이 지연되어 비박을 할 시에는 남측 전망대 아래의 복도나 난방이 되어 있는 화장실을 이용할 수 있다.

두번째 피치를 오르는 제탕 너머 오른편에 등반선이 보인다.

세번째 피치는 좁은 강빙이 이어져 있다.

네번째 피치의 믹스구간을 함께 오르는 두 등반자.

코스믹 리지에 올라서기 전 얼음통로.

화강암에 눈이 한 방향으로 들러붙은 설경. 겨울에만 접할 수 있다.

후등자 뒤로 우리가 오른
파사렐 루트가 희미하게 보인다.

리지에 올라서기 전,
바위통로를 오르는 모습.

리지 마지막 구간에서
에귀 뒤 미디 전망대로 오르는 이들.
보송 빙하가 보인다.

코스믹 산장 앞 리지 – 코스믹 리지

주변 풍광, 특히 일몰을 즐길 수 있는 쉬운 리지.

몽블랑 뒤 타퀼 쪽에서 본 전경

코스믹 산장

콜 미디 설원에서 코스믹 산장쪽 전경. 등반은 왼편에서 오른편으로 한다.

리지 초입을 오르는 파트너 장정미씨 뒤로 구름 바다가 펼쳐져 있으며, 돔데 구테와 에귀 구테가 보인다.

우린 결코 서로에게 싫증내지 않았다.
우리는 바로 산과 나였기에.

-Li Po-

콜 미디에서 리지에 올라서는 등반자
뒤로 브로켄 현상이 생겨났다.
저멀리 그랑 죠라스와 당 뒤 제앙이 보인다.

늦은 오후 햇살을 받으며 리지 중앙의 바위구간을 지나고 있다.
설원에서 캠핑을 하면서 두세 시간이면 다녀올 수 있는 쉬운

산은 내 삶이 추구하는 상징이었다. 삶의 많은 부분이 산과 연계되지 않은 게 거의 없었다. 자나깨나 산에 대한 상념들로 헤매었고 이성에 대한 사랑에서도 산과 관련이 많았다. 앞으로도 산이 내 인생의 많은 부분을 차지할 것은 분명하다. 내가 이렇게 산과 가까이 살기에 산은 나의 미래일 수밖에 없다. 꿈이기도 하다. 꿈은 활력을 불어준다. 꿈이 없다는 것은 삶의 동력이 없다는 것이다. 꿈은 일상과 떼려야 뗄 수 없는 것이기에 망상이나 환상과는 다르다.

꿈은 우리네 삶에서 실현 가능성이 많다. 그러니 꿈을 갖지 않을 이 누구일까? 그럼, 내 꿈은? 산과 더불어 살기에 반쯤은 이루었다고 본다. 행복하냐고? 만족한다. 외롭지 않냐고? 벗들이 많다. 외로움 또한 벗이다. 배고프지 않냐고? 배 아프지 않다. 앞으로의 꿈은? 꿈은 꿈을 꾸게 한다.

한 소년 등반가가 맨발로 나무를 기어오른다.
그는 오르는 순수한 즐거움 때문에 그렇게 한다.
이유는 중요치 않다. 흥미롭다. 새롭다. 다소 위험이 뒤따른다. 전엔 결코 가보지 않은 곳으로 다가가는 짜릿한 모험이 존재한다. 그에게는 빌딩 벽에서나 쉬운 바위 낭떠러지에서도 마찬가지다. 이러한 풋내기 시절부터 보다 가파르고 매끄러운 바위벽을 탐험하고픈 욕망이 싹튼다.
좀 더 시간이 흘러 그는 거기로 향한다.
하지만 암벽화와 자일, 하켄이 없이는 오를 수 없을 것이다. 게임이 복잡해진다.
그러나 모험이라는 요소는 여전히 똑같다. 맨발이었을 때보다 훨씬 쉽게 오를 수 있게 하는 장비와 기술의 발달이 보다 금지된 영역으로 다가서게 해준다.
그럼으로써 나무를 오르던 첫 번째 모험에서 그가 즐겼던 흥분스런, 새로움에 대한 균형을 유지할 수 있을 것이다.
-로얄 로빈스-

많은 알피니스트들은 산의 잠재적인
위험에 맞설 수밖에 없다.
가장자리 주위에 잠재해 있는 위험 요소가 없다면,
등산은 분명 그것만의 독특한 매력을 잃을 것이다.

-더그 스코트-

간혹 좁은 바위구간을 뛰어 넘기도 한다.

등반은 너무 솔직하다.
단지 당신은 바로 그 등반만 했을 뿐이다.
그렇지 않다면 당신은 사기꾼이다.
-Richard Gottlied-

지는 해를 벗삼아 운해 위를 걷는 기분이다.

일몰을 배경으로

아름다운 풍경에서는
자일의 정도 아름다울 것.

코스믹 산장

프앙트 라쉬날에서 본 모습

9. 에귀 뒤 미디
알파인 암벽등반을 즐길 수 있는 최적의 등반대상지들

코스믹 남벽

코스믹 산장 아래 설원에서 본 전경

첫 피치를 오르는 후배 장병욱씨.

남동벽 레뷰파 코스
- 에귀 뒤 미디
(TD+/200m/8피치)

남동벽 꼭대기에서 이렇게
자일하강을 하고서 출발지점으로
내려오는 이들도 있다.
하강자 뒤로 반달이 떠 있다.

두 번째 피치를 오르는 장병욱씨.

네번째 피치를 오르는
후배 전태진씨.

다섯번째 피치를 오르는 후배들 뒤로 코스믹 리지가 보인다. 저멀리 돔데 구테가 있다.

알파인 지대에서의 화강암 질감은
또다른 등반의 재미를 안겨준다.

높이 오를수록 시야가 트인다.
보송빙하와 몽모디 등이 보인다.

마지막 피치.

정상에 오른 전태진, 장병욱씨.

마지막 피치를 오르고 있는 일행.

코스믹 남벽 레뷰파 코스 - 에귀 뒤 미디
(TD+/120m/6피치)

첫 피치와 두번째 피치는 좌측 설사면에서 비스듬이 우측 위로 올라야 한다.

세번째 피치를
오르는 앞선 팀.
샤모니에 사는 두 여성
클라이머가 줄을 묶었다.

뒤따르는 후배 나현숙 뒤로
설원을 지나는 이들이 보인다.

네번째 피치의 오버행을
오르는 등반자 뒤로 저멀리
그랑 죠라스와 당 뒤 제앙이 보인다.

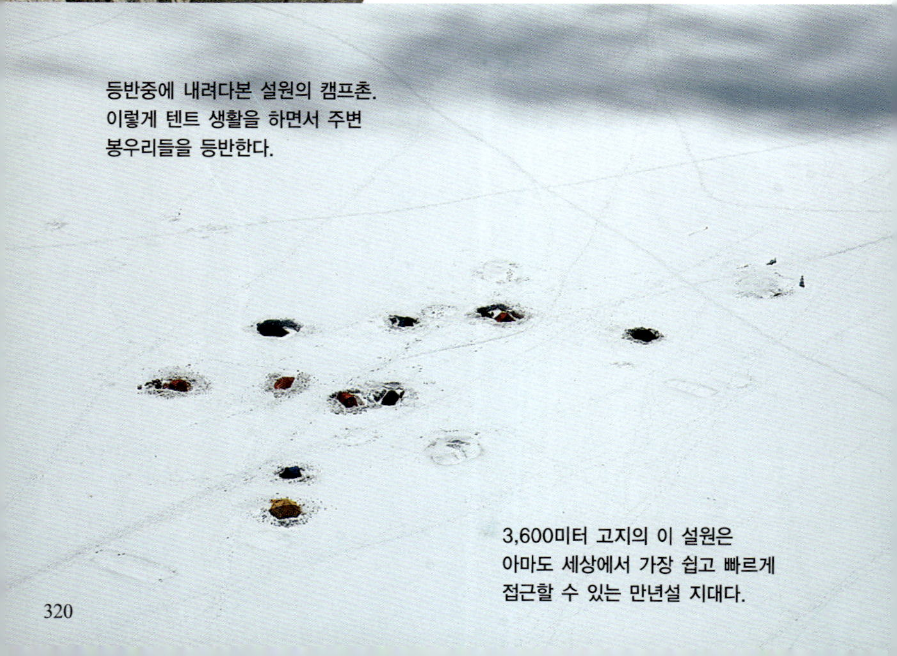

등반중에 내려다본 설원의 캠프촌.
이렇게 텐트 생활을 하면서 주변
봉우리들을 등반한다.

3,600미터 고지의 이 설원은
아마도 세상에서 가장 쉽고 빠르게
접근할 수 있는 만년설 지대다.

6a+급 오버행이지만 슬링이 있어
어렵지 않게 인공으로 오를 수 있다.

마지막 볼트를 설치하고 정상에 섰을 때,
내가 정복자였는지 아니면 내가 정복된 건지
확신하지 못했다.
지금 생각해보면 엘 캡이 당시의 나보다
훨씬 더 나은 상태였던 것 같다.

　　　　　　　　　　　　-Warren Harding-

암벽화를 신고 오르는 알파인
화강암 등반은 눈과 얼음이 있는
북벽등반과는 또다른 즐거움이 있다.

알파인 암벽등반자에게는 이렇게 배낭에 피켈을 지닌 경우가 많다.

마지막 피치

마지막 피치 테라스에서 쉬고 있는
샤모니의 여성 클라이머들.
설원 너머 몽블랑 뒤 타귈 정상과
삼각북벽이 보인다.

10. 그로 로농
Gros Rognon (3,541m)

에귀 뒤 미디

그로 로농

당 뒤 제앙 쪽에서 본
발레브랑쉬 설원 쪽 전경

에귀 뒤 플랑

발레 브랑쉬 설원의 크레바스 지대를 배경으로 그로 조낭 북면을 오르고 있다.

능선에 올라서는 민경원씨 뒤로
크레바스들이 보인다.

설원 중앙에 외따로 솟아 있는 그로 로농은 접근이 편하고 등반 또한 쉽다. 정상능선을 오르는 민경원씨 뒤로 에귀 플랑, 드류, 에귀 베르트, 드르와트 등이 보인다.

그로 로농은 눈이 많은
겨울에 오르는 게 낫다.

안자일렌을 하며
정상에 이르는 민경원씨.
알프스를 즐겨찾는
산악인이다.

정상에서 콜 뒤 그로 로뇽(3,415m)으로 하산한다. 100미터 정도 내려가면 된다.

11. 에귀 뒤 플랑 북벽
Aigulle du Plan (3,673m)

에귀 뒤 플랑은 샤모니 계곡 어디서나 볼 수 있는 M침봉들 중앙에 솟아 있다. 관광전망대가 위치한 에귀 뒤 미디에서 그랑 샤모즈까지 이어진 첨예한 바위봉우리들 중간에 위치해 있다.

에귀 뒤 플랑의 정상은 4천 미터가 되지 않지만 북벽의 높이는 1천 미터가 될 정도로 위압적이며 겨울철에는 해가 전혀 닿지 않아 동계등반의 진수를 체험할 수 있는 알파인 등반대상지로서 제격이다.

샤모니에서 생활하는 나로서는 늘 올려다보며 언젠가는 오르고 싶던 북벽이었다.

▲ 플랑 데귀 산장의 식탁에서 현지 산악인들과 함께 한 저녁시간.

▼ 산장을 나서면서 설피를 묶는 가운데, 샤모니 시내의 밤풍경이 펼쳐져 있다. 자정이 조금 지나서였다.

머메리 걸리 초입에서 확보중인
민경원씨. 위에서 분설이 내렸다.

머메리 걸리 중단에서.

머메리 걸리를 거의 다 오를 즈음 날이 밝아왔다. 후등자 뒤로 샤모니 계곡이 보인다.

머메리 걸리 마지막 구간에서.
100여 년 전에 머메리 일행이 초등한 이 걸리는 알피니즘의 역사를 논한 월터 언쉬즈의 〈알프스의 北壁〉 첫 장에 잘 묘사되어 있다.
열악한 당시의 등반장비로 그들은 이 걸리를 오른 후, 몇 백 미터 더 전진하고서 클라이밍 다운까지 했다.

중단부 믹스지대의 두번째 피치에서 바위 사이로 난 통로를 지났다.

작은 틈에 피크를 걸며 오르는 등반자
뒤로 샤모니 계곡이 깨어나고 있다.

북벽 중단부에 위치한
세락 좌측의 빙벽을 올랐다.

강빙이라 피크가
잘 박히지 않았다.

강빙구간을 오르는 등반자 뒤로 에귀 뒤 플랑을 비롯한 침봉들의 그림자가 드리워져 있다.

해질녘에 정상 암릉에
이르렀는데, 잘못 올라
여기서 자일하강을 했다.

정상부에 이르는 민경원씨
뒤로 샤모니 계곡의
불빛이 보인다.

1,000미터 북벽을 넘어 26시간만에 도착한 르깽 산장에서 짐을 꾸리는 민경원씨 뒤로 당 뒤 제앙이 솟아 있다.

산장에서 몽땅베르로 하산하는 모습

해질 무렵 샤모니 M 침봉의 겨울철 풍경.
좌로부터 그랑 샤모즈, 블라티에르, 에귀 뒤 플랑이다.

플랑-미디 횡단 - 에귀 뒤 플랑

3,000미터 이상 고지에서
한쪽은 하얀 설원의 세계를,
다른 한쪽은 샤모니 계곡의 알파인
산록을 바라보며 오르내리는,
에귀 뒤 미디에서 플랑까지 북동쪽으로
길게 뻗어있는 능선이다.
좌우로 엄청난 고도감을 느끼며 좁은 암빙설 지대를
오르내리는 횡단등반은 북벽등반과는 또 다른 멋을 느끼게 한다.

몽블랑 산군의 동쪽면을 앞에 두고 횡단등반을 시작한다.

현지 산악인 줄리앙 뒤로 저멀리 에귀 뒤 미디까지 이어진 능선이 보인다.

줄리앙 뒤로 펼쳐진 능선은
이태리-프랑스 국경능선이다.

저멀리 몽블랑 뒤 타귈과 발레 브랑쉬 설원,
에귀 뒤 미디가 보인다.

능선에서 가끔 길을 잘못 들어 돌아오는 경우도 있다.

샤모니 산악가이드 필립과 그의 여자손님(좌측사진)은 우리처럼 로농 뒤 플랑까지 가고 돌아오셨다.

좌우로 엄청난
고도감을 느끼며
암릉을 지나고 있다.

커니스진 설릉을 따라
에귀 뒤 미디로 되돌아간다.

로농 뒤 플랑에서
에귀 뒤 미디로 돌아간다.
이 구간이 크럭스다.

해질 무렵, 당 뒤 제앙 쪽에서 본 에귀 뒤 미디와 플랑 쪽 모습.

당 뒤 제앙에서 본 플랑 하산 루즈.
메르데 빙하를 경유해 몽탕베르로
내려간다.

파피용 리지 - 에귀 뒤 플랑
(Arete des Papillons)

파피용(Papillon), 나비는 언제 보아도 아름답다.
형형색색의 꽃무늬 날개를 펄럭이며 가볍게 공중을 떠다니는 모습은 암벽을 오르는 클라이머의 몸짓과 닮은 점이 많다.
알프스의 2,000미터 대 알파인 지대의 여름시즌에는 여러 종류의 나비들을 볼 수 있다.
간혹 보다 높은 지대인 3,000미터 이상의 만년설에서도 더운 상승기류에 편승한 나비들을 보곤 한다. 물론 기온이 내려가는 저녁이 되면 나비는 차디찬 빙하 위에서 자신의 삶을 마감한다. 어찌 보면 나비는 보다 높고 가볍게 오르고픈 알피니스트의 숙명과 닮은 점이 많다.

uille du Peigne (3,192m)

페레랑 빙하를 경유해 하산하며
바라본 파피용 리지쪽 모습.

파피용 리지 시작부분을
오르는 후배 뒤로 에귀 뒤 플랑의
산그림자가 드리워져 있다.

에귀 뒤 플랑 위로 막 솟아오른 햇살을 받으며 오르는 후배 뒤로 에귀 뒤 미디 북벽이 펼쳐져 있다.

파피용 리지에는 이렇게 오르내리는 구간들이 많다.

파피용 리지의 크럭스 구간인 오버행 직벽. 하켄이 충분히 박혀 있다.

피서겸 등반을 즐기고 있는 스웨덴 부부.

파피용 리지의 마지막 구간을 오르는 후배 뒤로 저멀리 보송빙하가 보인다.

스웨덴 클라이머가 에귀 뒤 펜느를 배경으로 리지를 오르고 있다.

에귀 뒤 미디 전망대행 중간 케이블카역인 플랑 데귀에서 접근하는데 채 한 시간이 걸리지 않는 곳에 위치한 파피용 리지는 많은 산악인들의 사랑을 받고 있는 암릉 코스이다.
에귀 뒤 플랑과 에귀 뒤 펜느에서 서쪽으로 뻗어 내린 암릉이라 주변의 멋진 풍광을 즐길 수 있는 초중급자가 즐기기 좋은 리지다.
이 코스는 1948년 9월 10일에 L. 페즈(Pez) 일행이 초등했다.
수직높이가 약 200미터가 조금 넘으며, 난이도 V급이 두 구간이 있는 D급 코스이다.
등반 후 하산은 파피용 리지가 끝나는 약 2,817미터 지점에서 오른편의 페레랑 빙하 쪽으로 하강한다. 서너 피치 자일하강 후, 물길의 잡석지대를 걸어 내리다가 왼편의 플랑 데귀 방향으로 방향을 틀어 페레랑 빙하 옆에 닿아 내려선다. 플랑 데귀까지 약 한 시간 반 소요된다. 확보용 등반장비로는 캠 한조와 다수의 슬링이면 충분하다.

에귀 데 듀제글

에귀 데 페레랑
Aig. des Pelerins (3,318m)

에귀 데 페레랑

에귀 뒤 펜느

샤모니 시내 중심가에서 남쪽으로 약 2km 떨어진 마을 이름이 페레랑(Pelerins)이다. 가이양 암장에서도 가까운 이곳은 조용한 주택가가 자리하고 있어 형편만 된다면 살고 싶은 곳이기도 하다. 이곳 이름을 딴 봉우리가 하나 있는데, 에귀 데 페레랑이다.

샤모니에서 에귀 뒤 미디 쪽으로 올려다보면 솟아 있는 샤모니의 여러 침봉들 중 하나인 에귀 뒤 페레랑은 얼핏 보아선 바로 눈에 들어오는 봉우리가 아니지만 페레랑 마을에서는 잘 보인다. 에귀 뒤 플랑(3,673m)에서 샤모니 계곡 쪽으로 뻗어 내린 남서릉에 솟은 침봉이기 때문이다.

에귀 뒤 플랑과 에귀 뒤 펜느(3,192m) 사이에 위치해 있다.

페레랑은 플랑에 비해 낮지만 결코 만만하게 볼 등반대상지가 아니다. 어느 루트를 택하든 10시간 이상 등반을 해야 하는데 에귀 뒤 미디 전망대행 중간 케이블카역인 플랑데귀(2,314m)까지 접근이 용이해 당일산행으로 많이 행해지고 있다. 정상에서 보는 샤모니 계곡 및 주변 침봉들의 경치 또한 빼어나다.

페레랑 빙하 하단부의
크레바스를 건너는
후배 최지훈씨.

페레랑 빙하 중단부.
좌측이 에귀 데 페레랑이다.

쉬운 바위통로를 오르는 후배 뒤로
에귀 뒤 미디 북벽이 보인다.

아침 9시가 넘자 햇살이 닿기 시작했다.
등반선은 좌측 대각선으로 이어졌다.

크럭스 피치. 십여 미터 레이백 구간을 오르는 후배 아래로 남서면이 펼쳐져 있다.

정상에 이르는 후배 뒤로 사각바위 장다름이 보이고 그 아래에 페레랑 빙하가 있다.

비좁은 정상에 앉아 망중한을 즐긴다.
발아래로 에귀 뒤 펜느가 보인다.

정상에서 동쪽으로 2피치 내려오면 안부가 있다. 안부에서 남서면으로 하강 포인트들이 있다. 하강은 30미터씩 짧게 하는 편이 좋다. 뒤는 에귀 뒤 플랑이다.

12. 발레 브랑쉬
(Vallee Blanche)

가루눈이 바람에 날리는 가운데,
설원을 걷는 알피니스트 뒤로 태양이 솟고 있다.
곧 있을 등반에의 설레임이 좋다.

'하얀 계곡' 발레 브랑쉬 설원은
늘 너른 품으로 알피니스트들을 품어준다.
나에게만은 이곳이 다른 어떠한 곳보다 좋은 놀이터요, 일터며,
작업장이다.

 젊은 시절, 내가 존경한 영웅들은 보통 사람들이 이해할 수 없는 능력과 미덕을 소유한 것처럼 보였다. 그러한 것들을 쌓으려는 내 욕망은 아주 컸지만 나는 결코 높은 수준에 도달하지 못했다. 위험한 순간에 두려움을 느끼는 나는 영웅적인 기질의 차분한 용기를 이끌어내기 어려웠다.
 어떤 의미에서 두려움이 친구가 되었다. 당시에 나는 두려움을 싫어했지만, 두려움은 도전의욕을 고취시켰으며 성취도를 높여주었다. 나는 성공적으로 일정한도의 평화와 평온에 집착한 사람들을 부러워했다. 나는 항상 너무 활동적이었으며 내 생활은 권태로움에 대한 끊임없는 투쟁이었다.
 하지만 그에 대한 보상은 굉장했다. 확실히 내가 받을 만한 대가 그 이상이었다. 나는 보잘 것 없는 신발을 신고 세계를 돌아다녔으며 어두운 남극의 붉은 태양이 수평선 위로 떠오르는 장관을 지켜보았다. 나는 아름다움과 우정, 흥미, 그리고 웃음에 대한 내 몫 이상을 얻었다.

-에드먼드 힐라리 경-

설원 한쪽면에 마련한 설동.
두명이 자리잡을 공간을 마련하는데
두시간 정도 걸린다.

크레바스는 좋은
빙벽훈련장이다.

빙하 속으로.
각 층은 한해 녹은
눈의 양이다.

크레바스 벽면은 눈이 쌓여 형성된 빙벽이라고 믿기지 않을 정도로 강빙이다.
오랫동안 쌓이고 쌓인 눈입자들의 결속력은 상상을 초월한다.
날카롭게 간 피켈 피크가 팅겨날 정도다.

안전을 위한 행위는 미신적일 수밖에 없다.
위험을 회피한다는 것은 위험에 완전히 노출되는 것보다
결코 더 안전하다고 할 수 없기 때문이다.
인생은 대담무쌍한 모험, 혹은 그 어느 것도 아니기에.

— Helen Keller—

빙하에 형성된 거대한 크레바스 속은
좋은 빙벽훈련장이기도 하다.

이런 크레바스 입구는 많은 눈이 내린 후에는
덮여버린다. 영원히 이별하게 되는데,
곧 또다른 멋진 놀이터가 생겨나길
기대할 수밖에 없다.

어느 한 초겨울, 많은 눈이 입구를 막기 전에 나는 임덕용 선배와 빙하 하단의 한 거대한 얼음동굴로 내려갔다. 자일 네동을 풀어 하강해 거대한 공룡의 내장 깊숙이 들어갔다. 또다른 세계로의 여행이었다.

GARMIN
OREGON 550 최신형 포토 내비게이션 모델

OREGON 550
터치스크린 제품

주요기능

- 전국 디지털 지형도 탑재
- 디지털 카메라 탑재
- 촬영 사진으로 위치기록, 운행
- 촬영지의 거리, 방향, 좌표 확인
- 전국 등산로 총망라
- 종이지도 스캔(캡쳐) 도면 사용
- 현재 위치 좌표 (X,Y 좌표)
- 위성고도계 (기압고도계)
- 삼축 전자나침반
- 거리 계산
- 면적 계산
- 궤적 자동 기록
- 카내비게이션

수입판매원 : 네베상사 www.garmin.co.kr

본 점 (충무로) :
서울시 중구 저동2가 47-15
02-515-8848
N 37°33'50" E126°59'25"

지 점(종로점) :
서울시 종로구 종로5가 314-6
02-2698-8848
N 37°34'12" E127°00'10"

크레바스에 형성된 고드름을 오르는
임덕용 선배의 유쾌한 등반자세.

빙벽등반은 독특한 한 세계로 접근하는 길이다.
그것은 우리가 익숙해져 있는 세계보다 조금 더
단순하고 훨씬 더 극적인 세계다.
죽음은 늘 가까이 있다.
사회적인 관심사들은 논리적 논쟁에서의 수많은
모순들처럼 멀리 사라져 버린다.
오랫동안 잊었던 야생적인 본능이 드러나는 것처럼,
진실한 개인적 본성이 되살아난다.

-제프 로우-

눈, 얼음, 빙하의 역사는 아마도 인류 역사의 수천 수만 배나 될 것이다. 3,000미터 이상의 알파인 지대, 즉 알프스의 만년설 지대의 하얀 설원에서도 그 역사는 계속되고 있다. 송이송이 하얀 송이로 내리는 솜털 눈이 얼음이 되고 그것이 빙하가 되어 그 역사는 계속해서 흐르고 있다. 창공을 가르며 그렇게나 가볍게 흩날리던 눈송이가 쌓이고 쌓여 그 하중에 얼음이 된 다음, 그 무거운 얼음덩이들은 중력의 법칙에 의해 아래로 밀려 내려간다.
이 산정 저 산정의 얼음덩이들이 모이고 모여 빙하를 이룬 후, 거대한 여세를 몰아 빙하의 웅장한 흐름을 이룬다. 빙하의 중심부에선 엄청나게 비대해진 자신의 몸무게에 의해 수많은 균열이 발생하는데, 바로 크레바스다. 다양한 형태의 크레바스는 간혹 알피니스트들을 집어 삼키기도 한다. 수십, 심지어 백 미터 이상 되는 심연의 깊이를 가지는 크레바스 속으로 추락한다는 것은 지옥의 나락에 떨어지는 것이나 다름없다.
하지만 극과 극은 통한다는 말이 있듯, 바로 그 지옥의 크레바스는 우리들 산악인에게 천당과 같은 놀이터를 제공한다. 이런 놀이터도 시간의 흐름에는 속수무책이다. 어떤 것은 한 달이 채 지나지 않아 입구가 막혀버린다. 심연의 얼음바다 속으로 추억과 함께 사라져버린다. 운이 좋다면 또 다른 놀이터를 찾을 수 있을 따름이다.

간혹 크레바스는 악마의 입처럼 잔인하게 굴지만 종종 멋진 놀이터가 되어주기도 한다.

산과 빙하는 우리들 상상력을 초월하는
형상을 만들어놓는다. 자연의 예술이란...
어느 한 겨울에 설원 중앙에서 마주한 이것은
한 달 후에 가니 찾을 수 없었다.
자연이 만들어 놓은 아름다운 많은 것들은
아쉬움을 남기며 다음을 기약한다.
하지만 이 얼음동굴은 영원이 사라져 버렸다.
자연이 만든 신비는 우리를 기다려주지 않는다.
이제껏 만난 모든 아름다운 것들을 가슴에 품고
새로 다가올 아름다운 것들을 기다린다.